Alina Köttgen

Spotkania

Ein Polnischlehrwerk für Erwachsene

Arbeitsbuch

Max Hueber Verlag

Verlagsredaktion: Gaby Bauer-Negenborn · München
Zeichnungen: Jacek Adamczak · Poznań
Umschlagfoto: Michael Austrup · Münster

5. 4. | Die letzten Ziffern
2002 2001 2000 1999 98 | bezeichnen Zahl und Jahr des Druckes.
Alle Drucke dieser Auflage können, da unverändert,
nebeneinander benutzt werden.
2. Auflage 1995

Gesamtherstellung: Ludwig Auer GmbH · Donauwörth
Printed in Germany
ISBN 3-19-025149-5

Inhalt

Anhang

Quellenverzeichnis

Der Verlag dankt folgenden Personen und Institutionen für ihre freundliche Genehmigung zum Abdruck von Copyright-Material:

Austrup, Michael (Münster): Fotos S. 125, 134
Jujka, Zbigniew (Gdańsk): Cartoons S. 111, 121, 122
Köttgen, Alina (Münster): Fotos S. 14, 20, 21, 43, 44, 89, 90, 93

Vorwort

Das Arbeitsbuch zu **Spotkania** bietet mit 230 Übungen vielseitiges und abwechslungsreiches Übungsmaterial, das genau den Lernschritten des Lehrwerks entspricht. Es ist *kein* zusätzliches Angebot für die Arbeit zu Hause, sondern wichtiger Bestandteil des Lehrwerks.

Spotkania ist konsequent nach Sprechabsichten aufgebaut. Schritt für Schritt werden Redemittel, die in der Alltagssprache häufig vorkommen, eingeführt und durch gezielte Wiederholung gefestigt. Die Redemittel der Lehrbuchlektionen sind im Arbeitsbuch vor jeder Lektion aufgelistet und grau unterlegt. Sie haben das Wichtigste einer Lektion so auf einen Blick.

Aufbau des Arbeitsbuchs
Die umfassenden Übungsmaterialien des Arbeitsbuchs dienen sowohl der Entwicklung des Hör- und Leseverständnisses als auch der Schulung des mündlichen und schriftlichen Ausdrucks. Das Arbeitsbuch richtet sich genau nach dem Sprachmaterial, das im Lehrbuch eingeführt wird. Die entsprechenden Übungsnummern des Arbeitsbuchs sind im Lehrbuch unter dem Lektionsabschnitt angegeben. Sie wissen also genau, nach welchem Abschnitt die einzelnen Übungen einzusetzen sind.

Die Übungen enhalten keine unbekannten grammatischen Strukturen. Die wenigen neuen Wörter sind in dem Lektionswortschatz (Anhang des Lehrbuchs, Seite 147–183) mit der entsprechenden Übungsnummer gekennzeichnet.

Im Anhang des Arbeitsbuchs finden Sie den Schlüssel zu den Übungen, eine Übersicht über die unvollendeten und vollendeten Tätigkeitswörter (Verben) und das alphabetische Verzeichnis des Gesamtwortschatzes.

Funktion der Übungen
Die Übungen eignen sich für unterschiedliche Arbeitsformen. Im Unterricht selbst können sie in Form von Einzel-, Partner- oder Gruppenarbeit eingesetzt werden. In der häuslichen Nachbereitung dienen sie der individuellen Wiederholung und Vertiefung des Lernstoffes.

Rein *formale Kenntnisse* (Endungen, Formen usw.) werden in Ergänzungs-, Zuordnungs- und Auswahlübungen gefestigt und überprüft. Die meisten dieser Übungen werden im Textzusammenhang (Dialoge, Briefe usw.) angeboten, so daß sie Ausgangspunkt für zusätzliche Übungen im Unterricht sein können.

Die *Hörverständnisübungen* sind alle mit dem Cassettensymbol gekennzeichnet. Die Texte entsprechen anfangs in Wortschatz und Strukturen genau Ihrem Kenntnisstand. Später gehen sie etwas darüber hinaus, wobei Unbekanntes aber leicht erschließbar bleibt. Die Inhalte der Dialoge, Telefonate und Berichte sind vielseitig. Die Hörverständnisübungen sind auf den Cassetten (Hueber-Nr. 3.5149) jeweils nach den Texten des entsprechenden Lektionsabschnitts des Lehrbuchs aufgenommen. Die Texte der Hörverständnisübungen sind nicht im Arbeitsbuch, sondern im Lehrerhandbuch (Hueber-Nr. 1.5149) abgedruckt.

Zur Entwicklung des *Leseverständnisses* enthält das Arbeitsbuch eine Reihe von Texten mit landeskundlichen Informationen: Anzeigen, Zeitungsannoncen, kleine Berichte, authentische Zeitungsartikel, persönliche Briefe. Die Leseübungen sind oft mit schriftlichen Übungen verbunden.

Der *mündliche Ausdruck* wird durch gelenkte Übungen nach Stichwörtern oder Bildern und durch freie Übungen mit Erzählanleitungen zu Hör- und Lesetexten entwickelt.

Für den *schriftlichen Ausdruck* steht eine Vielzahl von Angeboten zur Verfügung: Berichte nach Stichwörtern, Briefeschreiben nach inhaltlichen Stichpunkten und freie Gestaltung von Antwortbriefen.

Wir wünschen Ihnen viel Spaß und vor allem viel Erfolg bei der Arbeit mit den reichhaltigen und vielseitig einsetzbaren Übungsmaterialien.

Verfasserin und Verlag

Lekcja 1

sich vorstellen	- Nazywam się Helga Brandt. - Jestem Stefan. - Wolski.
nach dem Namen fragen	- Jak pan się nazywa ? Jak pani się nazywa ? - Jak się nazywasz ?
zurückfragen	- A pan ? A pani ? A ty ?
die Verständigung sichern	- Przepraszam, nie zrozumiałam /-łem. - Czy może pani powtórzyć ? - Co to znaczy ? Jak jest po polsku ..?
jemanden begrüßen	- Dzień dobry.
sich verabschieden	- Do widzenia.

A

1

Auf der Cassette hören Sie ein Gespräch zwischen einem Polen und einer Deutschen. Schreiben Sie den Dialog auf.

2

In den vier Situationen werden neue Bekanntschaften gemacht. Ergänzen Sie die Dialoge.

- Czy pan nazywa .... Kowalski ?
- ...., jestem Barczewski.
- O, ...

- Nazywam się XXXXXXXXXXXXXXXX .
- ....?!
- Chrząszczyszczykiewicz.

- .... dobry. .... Korczak. ..... pan ?
- Berger.

- Jak się .... ?
- Barbara. A ...... ?
- Gerhard.

Lekcja 1

jemanden vorstellen	- Wolno mi przedstawić: mój mąż. - Pani pozwoli, że przedstawię: moja żona. - To mój brat, Michał.
auf eine Vorstellung reagieren	- Miło mi. Bardzo mi miło.
nach der Beschäftigung fragen	- Kim pan jest? Kim ona jest? - Co on robi?
den Beruf angeben	- Ona jest nauczycielką. - Jestem technikiem. - Ona nie pracuje.
etwas vergleichen	- To tak jak ja.

B

3 *Frau Wrońska stellt ihre Angehörigen vor. Ordnen Sie die Bausteine in der richtigen Reihenfolge und schreiben Sie das Gespräch auf.*

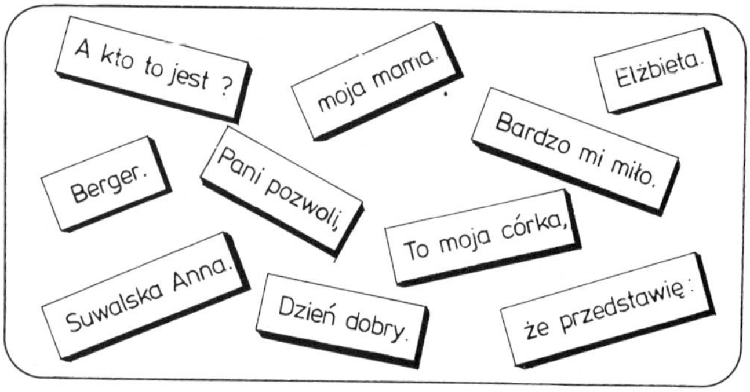

_ _

_ _ _ _ _ _ _ _ _ _ _ _ _ _ _ _ _ _ _ _

_ _

_ _

_ _

4 *Spielen Sie mit! Wer versteckt sich hinter den "verdrehten" Wörtern?*

- A kto to jest ?
- To moja *I R S T O S A*.
- Czy ona jest *D Ą T S E N T K U* ?
- Nie, ona pracuje. Jest *C Z Ą N Y C A L I U K E*.
- A jak ona się nazywa ?
- *M I A K O N*.

Lekcja 1

Wie stellen Sie Ihre Familienangehörigen vor? Schreiben Sie es auf. | 5 |

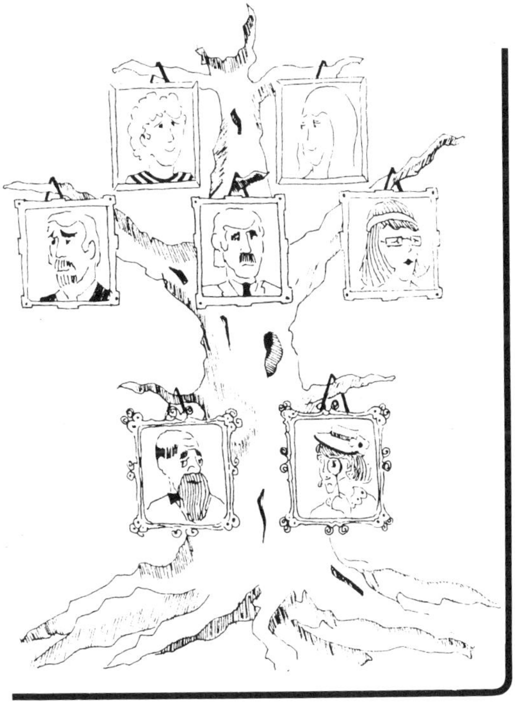

–Wolno mi przedstawić:
mój ojciec i moja córka.

Lekcja 1

6

Was sind Ihre Familienangehörigen von Beruf ?

nauczyciel

Mój ojciec jest nauczycielem.

pielęgniarka

siostra

bibliotekarka

siostra

prawnik

brat

rolnik

mąż

murarz

kuzyn

sekretarka

żona

ślusarz

urzędniczka

mama

studentka

Lekcja 1

gospodyni domowa

sprzedawczyni

architekt

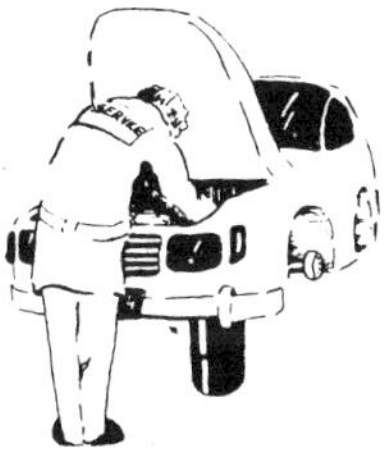

mechanik

rencista

dziennikarz

malarz

lekarz

elektronik

księgowa

Lekcja 1

nach der Herkunft fragen	- Skąd pan /-i jest ?
nach dem Wohnort fragen	- Gdzie pan /-i mieszka ?
die Herkunft angeben	- Jestem z RFN-u, z Hamburga. - Mieszkam w Monachium.
sich vergewissern	- Czy państwo są stąd ?
etwas bejahen	- Tak (jesteśmy stąd).
etwas verneinen	- Nie (nie jesteśmy).

C

7 *Aus welchem Land kommen diese Personen ? Ergänzen Sie die Sprechblasen.*

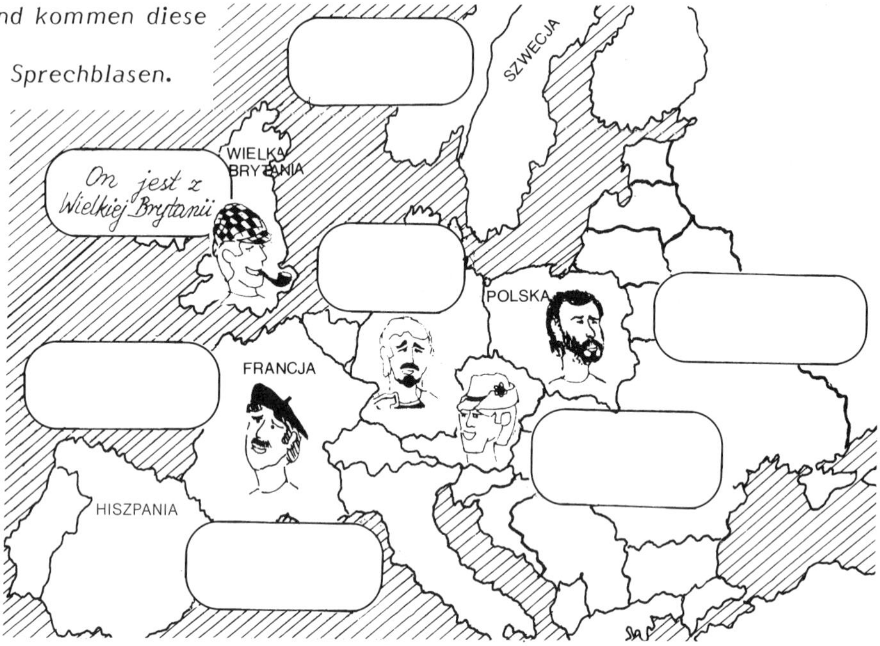

8 *Stellen Sie Fragen nach den unterstrichenen Satzteilen.*

1 Kto to jest ? --------------------------- - To mój brat.
2 Kim ------------------------------------- - On jest studentem.
3 --- - Ona nie pracuje.
4 --- - Jesteśmy z RFN-u.
5 --- - Mieszkamy tu niedaleko.
6 --- - Nie, jestem z Opola.
7 --- - Tak, mieszkamy w Krakowie.
8 --- - Tak, ale tylko trochę.

Lekcja 1

9

Es werden Gespräche über die Herkunft geführt. Je nach Situation oder Alter siezen oder duzen sich die Gesprächspartner. Beachten Sie das Beispiel.

OLSZTYN BONN

– Czy można zapytać, skąd panowie są?
– Jesteśmy z RFN-u, z Bonn. A pani?
– Ja jestem z Olsztyna.

FRANKFURT OPOLE

CZĘSTOCHOWA KILONIA

DÜSSELDORF SZCZECIN

KOBLENCJA GDAŃSK

Lekcja 1

D

10

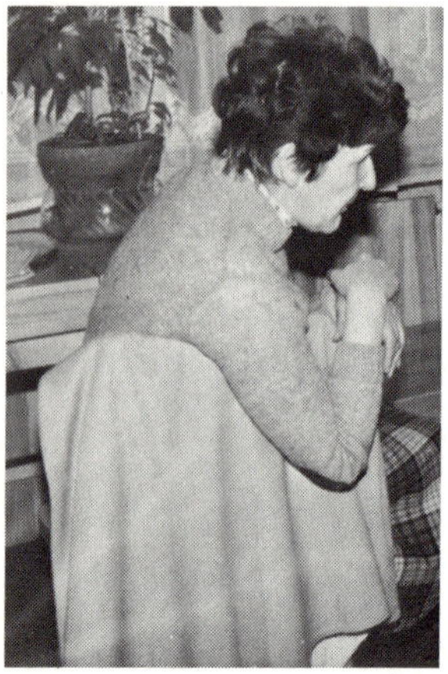

Diese Personen kennen Sie aus dem Lehrbuch. Schreiben Sie auf, was Sie über sie wissen.

To jest pani Maria Przybylak z Olsztyna.
Ona jest księgowa, w szkole zawodowej, a jej mąż,
pan Zdzisław jest inż...

Lekcja 1

Wo arbeiten diese Leute? nicht als was

11

Ewa Bekasiewicz pracuje w szpitalu w Gdańsku.

Maria Przybylak ______________________________

Tadeusz Wiśniewski ______________________________

Anna Kowol ______________________________

Ryszard Budnikowicz ______________________________

Jan Kowol ______________________________

Verwenden Sie die folgenden Sätze und schreiben Sie möglichst viele Dialoge.

12

- Mieszkam w Gdańsku.	- Skąd pani jest ?	- Rolnikiem.
- Jestem z RFN-u.	- Gdzie pani mieszka ?	- Pan Wasiak.
- To pan Wasiak.	- Kto to jest ?	- Z Berlina.
- Jestem dyrektorem.	- Kim on jest ?	- Tadeusz Groński.
- Nazywam się Jurczyk.	- Jak pani się nazywa ?	- Dyrektorem.
- On nazywa się Groński.	- Kim pani jest ?	- W Gdańsku.
- Jestem stąd.	- Jak nazywa się brat ?	- Elżbieta Jurczyk.
- To mój brat.	- Co pani robi ?	- Piotr.

- Nazywam się Jurczyk.
- Gdzie pani mieszka?
- W Gdańsku.

Lekcja 1

13 *Ergänzen Sie die Lücken in dem Gespräch mit Janina Staszczyk.*

- Przepraszam, czy można .... , ... pani się nazywa ?
- .... Janina Staszczyk.
- Przepraszam, nie .... Jak ?
- Janina Staszczyk.
- Dziękuję. A .... pani jest ?
- Z Polski, z Wrocławia.
- A .... pani robi ?
- .... lekarką.
- A .... to jest ? Czy to mąż ?
- Nie, ... mój brat. .... Tomasz Starski.
- A .... on jest ?
- Mechanikiem. Mieszka ..... Opolu.

14 *Die beiden Damen auf der Bank unterhalten sich über die vorbeigehenden Personen. Die fehlenden Wörter beantworten die Frage* ***czyj, czyja*** *- wessen.*

1. To jest Dobrzycka, a to ..jej.... córka, Grażyna. Ona już pracuje. Jest sprzedawczynią w domu handlowym. ..Jej.... mąż jest murarzem.
2. To jest Wiśniewski, a to ..jego... żona. Nazywa się Joanna, ale on mówi Ewa.
3. To jest Maciejewski i ..jego... brat, Janek. On mówi, że studiuje, bo chce zostać inżynierem, ale to nieprawda.* Jest technikiem na budowie, jak ..jego. brat.
4. A to Michalska i ..jej.. syn. On chodzi już do szkoły.

* unwahrheit

Lekcja 1

E

15

In manchen Hotels in Polen werden Sie gebeten, ein Meldeformular auszufüllen. Üben Sie das schon hier.

ZGŁOSZENIE POBYTU CZASOWEGO CUDZOZIEMCA

DIE ZEITWEILIGE ANMELDUNG DES AUSLÄNDERS

Miejsce na znaczek opłaty skarbowej

1. | | | | | | | | | | | | | |
nazwisko(a) — Name(n)

2. ....
imię (imiona) — Vorname(n)

3. ....
data, miejsce i kraj urodzenia — Gebnrtsdatum, — Ort, — Land

4. ....
Obywatelstwo — Staatsangehörigkeit

5. ....
data przekrocz. granicy —Datum des Grenzübertritts

6. ....
adres miejsca pobytu czasowego w RP — miejscowość (dzielnica), gmina, Województwo — Die Anschrift des zeitweiligen Aufenthalts in der RP — Ort(Stadtteil) Gemeinde, Woiwodschaft

....
ulica Strasse — nr domu Haus nr — nr lokalu Wohnung nr

7. ....
zamierzony czas trwania pobytu od—do — Die beabsichtigte Dauer des Aufenthalts von.......... bis..........

....
data i cel przybycia do danej miejscowości, nazwa instytucji do której przybył cudzoziemiec — Datum und Zweck der Ankumft — Anschrift der besuchten Institution

8. ....
nr i rodzaj dokumentu uprawniającego do pobytu na terytorium RP — Nr und Art, des Ausweises der Zum. Aufenthalt in RP bereichtigt

F

16

Im Abschnitt 1 F haben Sie ein Kabarett "besucht". Was haben Sie behalten ?

Kto to jest ? _______ To jest Biurokreta.

Jak on się nazywa ? ___ Nazywa się Piotr Jankowski

Jak nazywa się jego ojciec ? ____ Nazywa się piotr

Jak nazywa się jego matka ? ____ Nazywa się Balbina

Jak nazywa się kabaret ? ____ Naszywa się Teatrzyk zielona gęś

Lekcja 1

nach dem Befinden fragen	- Co słychać ? - Jak się pan ma ? Jak się masz ? - Jak leci ?
auf die Frage antworten	- Dziękuję. Wszystko w porządku. - Wszystko po staremu. / Nic nowego. - Nieźle, dziękuję. Nie narzekam. - Cieszę się, że...

G

17 *Wie reagieren Sie, wenn Sie Bekannte treffen ? Vervollständigen Sie die Dialoge.*

- Dzień .... !
- Aaa, to pan. Dzień dobry.
  Co .... ?
- .... bardzo.
  Wszystko ....
  A ...... pana ?
- Też .... w porządku.

- .... , Danka !
- .... Jak ...... masz ?
- Nieźle. .... ?
- ....

- .... ! .... leci ?
- Dobrze, ... A u ....?
- ....

- Cześć !
- Aaa, ... Jak się .... ?
- .... , a ty ?
- ....

- Cześć ! Jak .... ?
- Jako tako, a ... . ?
- ....

- Dzień dobry. .... się pani ma ?
- Dziękuję, ...
  ...... pan ?
- Tak sobie. Też ...... narzekam.

Lekcja 1

Thomas aus Ratingen unterhält sich mit einem Rentner aus Polen. Schreiben Sie die fehlenden Fragen auf.

18

- Dzień dobry. Jestem ✻✻✻✻✻✻✻✻✻✻.
- ...., nie zrozumiałem. Jak ....?
- Thomas. Jestem z RFN-u, z Ratingen.
- ....?
- Z Ratingen. To niedaleko Düsseldorfu.
- Acha. ....?
- Jestem studentem.
- ....?
- Nie, studiuję w Düsseldorfie. Tu jestem tylko na wakacjach.
- ....?
- Historię i biologię. ....? ....?
- Ja jestem na rencie.

19

Üben Sie die Verneinung. Denken Sie daran, daß ***nie*** *immer* <u>*vor*</u> *dem Tätigkeitswort (Verb) steht.*

1. Czy ty studiujesz ?
   Nie, nie studiuję..... Pracuję w szkole.
2. Czy ty pracujesz ?
   .... Jestem na urlopie macierzyńskim.
3. Czy pan ma dzieci ?
   .... Jestem sam.
4. Czy pani mówi po polsku ?
   .... Mówię tylko po niemiecku.
5. Czy ty jesteś studentem ?
   .... Jestem nauczycielem.
6. .... ?
   Nic nie robię.

Lekcja 1

20

Hören Sie sich auf der Cassette das Interview mit Herrn Berger an. Welche der Aussagen unten stimmen mit dem Interview überein und welche nicht?

	Prawda	Nieprawda
Pan Berger jest z RFN-u.	☐	☐
On mieszka w Bremerhaven.	☐	☐
Jest muzykiem i gra na gitarze.	☐	☐
Przyjechał do Polski na festiwal.	☐	☐
Mówi dobrze po polsku,		
bo często jest w Polsce.	☐	☐
bo jego żona jest z Polski.	☐	☐
bo chodzi na intensywny kurs języka polskiego.	☐	☐

21

Die letzten Buchstaben der gesuchten Wörter ergeben das Lösungswort. Wie lautet es?

1 Jesteście z ☐☐☐☐☐☐☐ ?

2 Jak się ☐☐☐☐ ?

3 Czy ona ☐☐☐☐☐☐☐ ?

4 A kim ty ☐☐☐☐☐☐ ?

5 Czy można ☐☐☐☐☐☐☐ ...

☐☐☐☐☐

Lekcja 2

nach Waren fragen	- Czy jest mapa turystyczna? Czy są znaczki?
die Frage bejahen	- Tak. / Jest. / Są. Proszę.
die Frage verneinen	- Nie ma.
nach dem Preis fragen	- Ile kosztuje album? Ile kosztują znaczki?
etwas verlangen / um etwas bitten	- Poproszę jeden bilet.
Zustimmung äußern	- Może być.

C

22

Numerieren Sie die Aussagen in der richtigen Reihenfolge.

- Dziękuję. I wezmę jeszcze te dwie widokówki.
1. - Czy ma pani plan miasta?
- Tak. I dwa znaczki pocztowe.
- Które? Te dwie?
- Niestety, nie ma.
2. - Tak, proszę.
- A jest jakaś niemiecka gazeta?
- Tak. Proszę. To wszystko?
- To wszystko. Dziękuję.

D

23

Vervollständigen Sie das Gespräch mit der Verkäuferin.

- .... bilety na autobus?
- Tak. Ile?
- .... trzy.
  Albo nie. Poproszę cztery.
  I .... jeszcze o jeden film.
- Jaki? Na 36 ....?
- ...., poproszę.
- Proszę ....

Lekcja 2

E

24

Eine deutsche Touristin ist auf der Post und möchte Briefmarken kaufen. Sie trifft einen polnischen Bekannten. Hören Sie sich die Szene an und überprüfen Sie, welche der Behauptungen unten zutreffen und welche nicht.

	tak	nie
Ona nazywa się Helga.	○	○
Elke.	○	○
Ona kupuje znaczek na		
widokówkę do RFN-u.	○	○
list do Austrii.	○	○
kartkę dla Helmuta.	○	○

25

Sie sind auf der Post, um Briefmarken für Ihre Sendungen (unten links) zu kaufen. Schreiben Sie das Gespräch am Schalter auf.

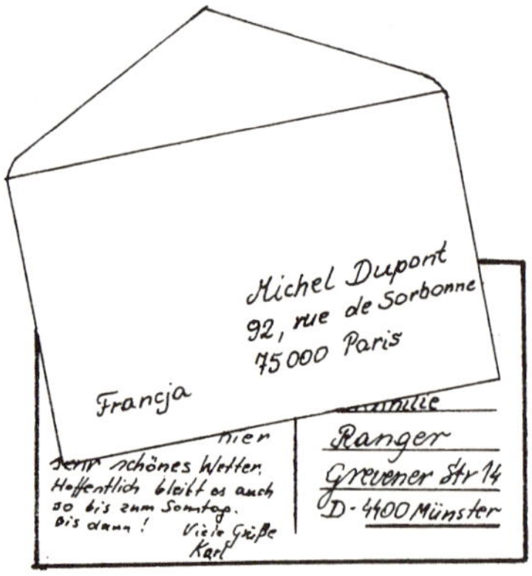

Lekcja 2

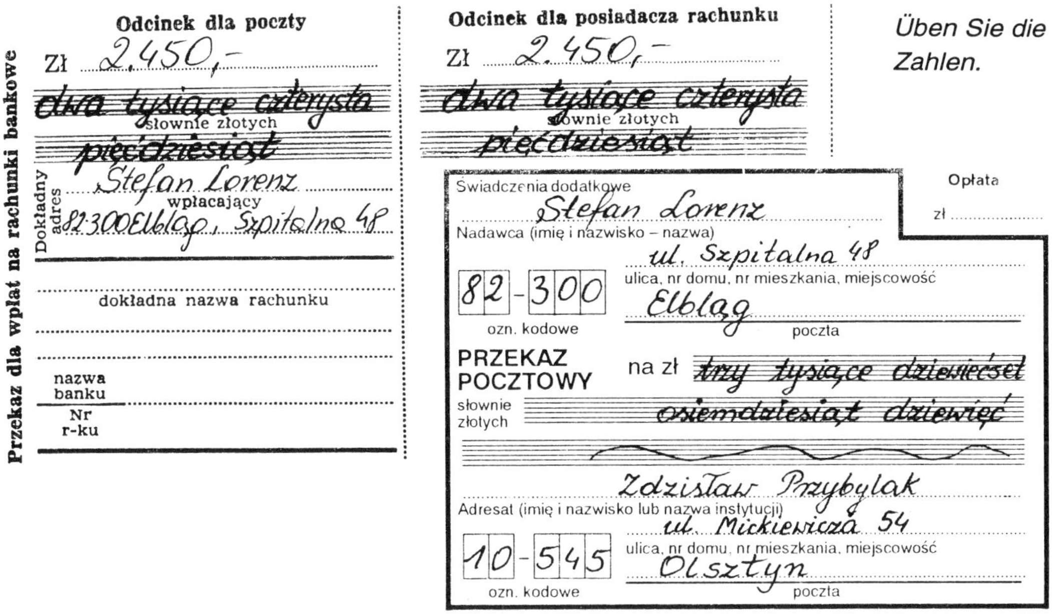
Przekaz dla wpłat na rachunki bankowe

Odcinek dla poczty

Zł 2.450,-

dwa tysiące czterysta pięćdziesiąt

słownie złotych

Dokładny adres

Stefan Lorenz

wpłacający

82-300 Elbląg, Szpitalna 48

dokładna nazwa rachunku

nazwa banku

Nr r-ku

Odcinek dla posiadacza rachunku

Zł 2.450,-

dwa tysiące czterysta pięćdziesiąt

słownie złotych

Świadczenia dodatkowe

Opłata

zł

Stefan Lorenz

Nadawca (imię i nazwisko – nazwa)

ul. Szpitalna 48

82-300

ulica, nr domu, nr mieszkania, miejscowość

Elbląg

ozn. kodowe

poczta

PRZEKAZ POCZTOWY

na zł trzy tysiące dziewięćset osiemdziesiąt dziewięć

słownie złotych

Zdzisław Przybylak

Adresat (imię i nazwisko lub nazwa instytucji)

ul. Mickiewicza 54

10-545

ulica, nr domu, nr mieszkania, miejscowość

Olsztyn

ozn. kodowe

poczta

Üben Sie die Zahlen.

26

trzy tysiące sześćset dziewięćdziesiąt cztery 3.694

cztery tysiące osiemset dwadzieścia dziewięć ________

pięć tysięcy siedemset trzydzieści trzy ________

czterdzieści sześć tysięcy osiemset dwadzieścia jeden ________

________ 4.382

________ 5.919

________ 28.614

Finden Sie in jeder Zeile einen Rechtschreibfehler? Korrigieren Sie ihn und tragen Sie den richtigen Buchstaben in die Kästchen ein. Das Lösungswort ist das Thema dieses Lektionsabschnittes.

27

1. Pokroszę o dwa znaczki do RFN-u.
2. Na listy czy na widakówki?
3. Jeden znaczek na widokówkę i jeden na list polezony.
4. To wscystko?
5. Fak, dziękuję.
6. Proszę bordzo.

Lekcja 2

28

Sie können bereits die wichtigsten Informationen aus einem polnischen Zeitungstext entnehmen. Lesen Sie den Artikel über eine Auktion und beantworten Sie die folgenden Fragen.

> **2,3 mln marek za znaczek pocztowy**
>
> Na aukcji w Wiesbaden sprzedano za rekordową sumę 2,3 mln DM niezwykle rzadki znaczek pocztowy wydany w 1851 roku w dawnym niemieckim mini-państewku Baden. Historyczny znaczek należał do amerykańskiego biznesmana, który uzyskał najwyższą cenę, jaką kiedykolwiek zapłacono za znaczek pocztowy w RFN.

1. Wo wurde ein Rekordpreis für eine Briefmarke gezahlt ?
   ....
2. Aus welchem Jahr stammte die Briefmarke ?
   ....
3. Wer hat sie verkauft ?
   ....

sich nach der Telefonnummer erkundigen	- Jaki pan ma numer telefonu? Jaki masz numer? - Pamiętasz numer do Piotra Daleckiego?
eine Auskunft einholen	- Czy można u pani zamówić rozmowę do RFN-u? - Jaki jest kierunkowy do Kolonii? - Jak długo trzeba czekać?

G

29

Wenn Ihnen in Polen kein Privatanschluß zur Verfügung steht, oder wenn Sie nicht genug Münzgeld für ein Auslandsgespräch von einer Telefonzelle haben, können Sie zur Post gehen und das Gespräch am Schalter anmelden.

Lekcja 2

Was sagen die Personen an den Schaltern ? Es gibt viele Möglichkeiten. Wählen Sie für jede Sprechblase eine Variante aus und tragen Sie sie ein.

30

Lekcja 2

jemanden einladen	- Masz wieczorem czas ? Mam urodziny. Przyjdziesz ?
nach dem Alter fragen	- Ile masz lat ? Ile pan ma lat ?
das Alter angeben	- Mam 35 lat. / Kończę 40 lat.
etwas versprechen	- Zadzwonię jutro do ciebie.

I

31 *Zwei Bekannte unterhalten sich über den Geburtstag. Ordnen Sie die Bausteine in der richtigen Reihenfolge und schreiben Sie das Gespräch auf.*

- Też masz jutro urodziny ?
- Dlaczego pytasz ?
- Kończę 45 lat.
- O, to tak jak ja !
- Dobra.
- Mam urodziny.
- Masz jutro wieczorem czas ?
- Jutro wieczorem ?
- No to przyjdziesz ?
- Nie, ale też mam 45 lat.

32 *Dieses kurze Gespräch kommt erst dann zum Vorschein, wenn Sie alle Buchstaben außer* **b f g h u** *unterstrichen haben.*

buczyfugmożnahzapytaćgfuhilebgpanimabfulatug ?

gufhdwadzieściabfugbtrzyhuglatabu.

bfughtakuhbgumałoghub ?!

Lekcja 2

den Zweck angeben	... , żeby nauczyć się języka obcego. ... , aby móc korespondować.

J

Tragen Sie ein, zu welchem Zweck Polnisch gelernt wird. 33

43 % ludzi ma krewnych lub znajomych w Polsce i często tam jeździ. Przychodzą oni na kurs polskiego, ______________________ po polsku.

12 % ludzi pochodzi stamtąd i chce odnowić swój kontakt z krajem dzieciństwa. Wiele osób nie przychodzi na kurs, ______________________ obcego języka lecz ______________________ tylko zapomniany język.

9 % ludzi chce nauczyć się czytać i pisać po polsku, ______________________

0,5 % osób uczy się języka polskiego, ______________________ polską literaturę w oryginale.

Verstehen Sie den Text der Ansichtskarte? 34

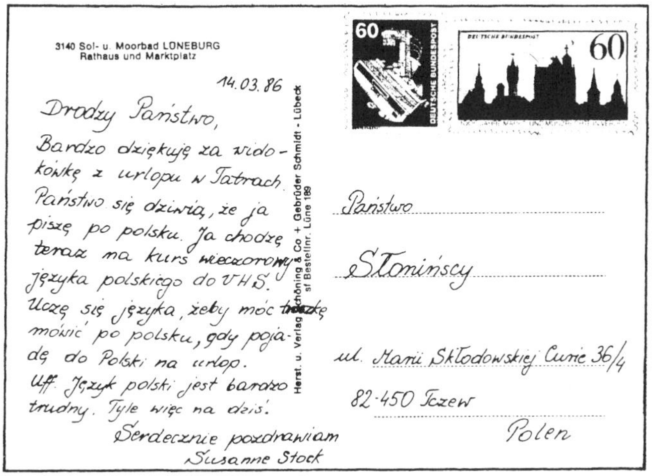
3140 Sol- u. Moorbad LÜNEBURG
Rathaus und Marktplatz

14.03.86

Drodzy Państwo,
Bardzo dziękuję za widokówkę z urlopu w Tatrach. Państwo się dziwią, że ja piszę po polsku. Ja chodzę teraz na kurs wieczorowy języka polskiego do VHS. Uczę się języka, żeby móc trochę mówić po polsku, gdy pojadę do Polski na urlop.
Uff. Język polski jest bardzo trudny. Tyle więc na dziś!
Serdecznie pozdrawiam
Susanne Stock

Herst. u. Verlag Schöning & Co + Gebrüder Schmidt - Lübeck
sf Bestellnr. Lüne 189

Państwo
Słonińscy
ul. Marii Skłodowskiej Curie 36/4
82-450 Tczew
Polen

*Warum lernen **Sie** Polnisch?* 35

____

____

____

____

____

____

Lekcja 2

36 *Ordnen Sie die Wörter danach, ob sie Gegenstände oder Tätigkeiten bezeichnen.*

~~mapa~~ pracować ~~kupić~~ okienko film
mówić zapytać autobus czekać
kiosk chodzić widokówka poczta bilet
dziękować kosztować znaczek mylić się
list gazeta przepraszać studiować móc
zamówić zadzwonić zdjęcie odpowiadać
lekcja pamiętać wiedzieć powtórzyć album

mapa

kupić

37 *Welche Formen passen zusammen? Achten Sie auf die Endungen der Tätigkeitswörter (Verben).*

	ja	mój mąż	my	pani W.	oni	ja i mój syn	ty	Piotr	państwo	ona	one
przepraszam											
mieszka		X		X				X		X	
chodzisz											
poproszę											
jesteś											
pracują											
studiujemy											
płacicie											
dziękujemy											
mówią											
kupujemy											
są											
mylę											

Lekcja 2

38

Ordnen Sie diese Wörter nach dem Geschlecht (männlich, weiblich, sächlich). Welche fünf Wörter haben nur eine Mehrzahlform (Pluralform)?

godzina - numer - rozmowa - kontakt - wakacje - informacja - list - mapa
ludzie - kraj - kurs - krewny - znajoma - urlop - pieniądze - zdjęcie - czas
kiosk - język - konto - widokówka - gazeta - tramwaj - autobus - drobne
znaczek - obywatelstwo - adres - wnuk - zawód - urodziny - osoba

männlich: ______________________________

____

____

weiblich: ______________________________

____

sächlich: ______________________________

Mehrzahl: ______________________________

39

Hier sind 24 Wörter aus der zweiten Lektion versteckt. Schreiben Sie sie alle auf.

G	A	Z	E	T	A	G	K	E	B	N	D	D	L	A	C	Z	E	G	O	E	U	R	O	D	Z	I	N	Y
O	I	N	F	O	R	M	A	T	O	R	O	Z	M	O	W	A	T	H	W	I	E	C	Z	O	R	E	M	C
D	N	A	L	H	F	K	R	A	J	E	B	J	L	B	E	M	A	P	A	C	E	B	L	H	T	S	E	Z
Z	S	C	B	I	L	E	T	L	H	G	R	Ę	B	C	Z	Ó	Z	A	D	Z	W	O	N	I	Ę	H	L	Ę
I	T	Z	W	I	D	O	K	Ó	W	K	A	Z	D	Y	A	W	I	E	M	A	Ł	O	E	B	R	U	T	S
N	O	E	H	G	L	E	A	B	G	S	Z	Y	B	K	O	I	G	J	E	S	Z	C	Z	E	L	S	Y	T
A	R	K	I	E	R	U	N	K	O	W	Y	K	U	P	I	Ć	H	E	D	B	H	E	R	B	D	U	Ż	O

____

____

____

____

____

____

Lekcja 3

nach Eigenschaften fragen	- Jakie jest mieszkanie państwa?
eine Sache beschreiben	- Nasz pokój jest duży, kuchnia mała ... Okno jest szerokie / drzwi są podwójne ...
Gefallen äußern	- Bardzo mi się podoba.
etwas bewundern	- Jaki przytulny pokoik! Jak ładnie urządzona!

A

40 *Familie Jabłoński beschreibt in dem Brief ihre neue Wohnung. Setzen Sie die Wörter aus dem Kasten sinnvoll ein.*

- jasny
- ładny
- szerokie
- własne
- balkonowe
- nieurządzone
- serdeczne
- malutki
- ciemna
- nasze
- duży
- mała
- szczęśliwi

Ostróda, dn 21.X.85

Kochany Manfredzie!

Mieszkamy już w bloku na Osiedlu Mikołaja Kopernika. ______ mieszkanie (M-2) ma 36m^2 i jest na 9 piętrze. Mamy tu z balkonu bardzo ______ widok.

Jak mieszkamy? Kuchnia jest ______ i niestety ______, ale za to ______ pokój jest ______ bo mamy tu ______ okno i drzwi ______. Pokoik obok jest ______ tak jak i łazienka. Ale nic nie szkodzi. I tak jesteśmy ______, że mamy nareszcie ______ mieszkanie. Jest jeszcze ______-______ ale zapraszamy na wakacje!

______ pozdrowienia przesyłają
Jabłońscy

41 *Mit welchen Eigenschaftswörtern (Adjektiven) kann man folgende Gegenstände beschreiben? Schreiben Sie möglichst viele Kombinationen auf.*

Jaki może być dom? duży, długi, szeroki, mały, jasny, ładny, nieładny .....
pokój? ______________________
regał? ______________________
Jaka może być kuchnia? ______________________
lampa? ______________________

Jakie może być mieszkanie ?_______________

biurko ?_______________

okno ?_______________

Jakie mogą być drzwi ?_______________

krzesła ?_______________

meble ?_______________

tapety ?_______________

B

42

Wie gefallen Ihnen die abgebildeten Gegenstände ? Das Beispiel ist nur eine Möglichkeit, wie Sie sich äußern können.

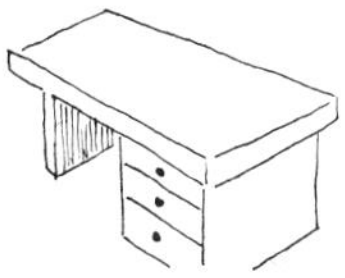

– Jak ci się podoba to biurko ?

– Nie za bardzo. Jest za duże.

– _______________

– _______________

– _______________

– _______________

– _______________

– _______________

– _______________

– _______________

Lekcja 3

43

Annoncen aus einer Zeitung geben einen Einblick in das alltägliche Leben eines Landes. Die Menge der Wohnungsanzeigen zum Beispiel sagt vieles über die schwierige Wohnungssituation in Polen aus. Das Schlüsselwort in den meisten Anzeigen lautet: **zamienię na ...** *- ich tausche gegen .... Neuerdings werden aber auch immer mehr Wohnungen und Häuser zum Kauf gesucht und angeboten.*

1. *Suchen Sie die Anzeigen, in denen:*
   a) *eine 2-Zimmerwohnung (nicht höher als im zweiten Stock) angeboten wird,*
   b) *eine Neubauwohnung als Eigentum zu erwerben gesucht wird.*
2. *Suchen Sie die Anzeigen, die die abgebildeten Gegenstände betreffen.*

LOKALE

MIESZKANIE kwaterunkowe 90 m kw. w Gdańsku — Oliwie zamienię na dwa mniejsze. Tel. 47-80-37. G-16762

OLIWA, dom jednorodzinny z ogrodem zamienię na trzy mieszkania. Oferty 16676 Biuro Ogłoszeń, 80-958 Gdańsk.

MAŁŻEŃSTWO w średnim wieku — (delegowani) poszukują na rok M-3 lub M-4, Gdynia-Sopot. Tel. 23-26-23, wewn. 215. S-5314

TRZY pokoje sprzedam. Elbląg, ul. Gwiezdna 12 m 14. E-821

SKLEP + dwie kawalerki w Gdyni centrum zamienię na dwupokojowe mieszkanie do II piętra Gdynia centrum. Wiadomość: Gdynia, Abrahama 23, pracownia. S-5278

OBCOKRAJOWIEC (czasowo mieszkający w Polsce) poszukuje mieszkania 2, 3-pokojowego, komfortowo urządzonego z telefonem na terenie Gdańska lub Sopotu na okres roku. Oferty 15300 Biuro Ogłoszeń, 80-958 Gdańsk.

OBCOKRAJOWIEC poszukuje samodzielnego mieszkania w Gdańsku, najchętniej z telefonem. Tel. 41-00-91, p. 117, ul. Hibnera 61 DS 4 Gdańsk. G-16901

MIESZKANIE własnościowe 2-pokojowe w nowym budownictwie w Elblągu kupię. Oferty z ceną 841 WUP 82-300 Elbląg.

SZUKAM mieszkania w Sopocie na rok. Tel. 51-78-95. S 758

POSZUKUJĘ ładnego domku letniego Tel 32-00-59.

M-3 komfortowe Sosnowiec zamienię na mieszkanie w Trójmieście. Oferty 767 UPT 81-701 Sopot 1

MIESZKANIE w Rabce zamienię na mieszkanie nad morzem, w pierwszej połowie lipca. Rabka, tel. 77-705.

NIERUCHOMOSCI

KIOSK — kwiaciarnię w dobrym punkcie Gdańska sprzedam. Oferty 17210 Biuro Ogłoszeń, 80-958 Gdańsk.

DOM jednorodzinny do wykończenia tanio sprzedam. Tczew, Wandy Wasilewskiej 2. G-17256

GOSPODARSTWO rolne 0,65 ha, 14 km od Gdańska sprzedam. Oferty 17005 Biuro Ogłoszeń, 80-958 Gdańsk.

DZIAŁKI budowlane uzbrojone, 16 km od Trójmiasta sprzedam. Wiadomość: Bojano 4 (koło Chwaszczyna). G-17019

DOM duży, oryginalny, stan surowy i mieszkanie własnościowe dwupokojowe sprzedam. Koszalin, tel. 334-28 po siedemnastej. K-5308

PAWILON handlowy w bardzo dobrym punkcie sprzedam. Tel. 41-50-06. G-16732

SPRZEDAM

PRZY…EPĘ kempingową N 126 … nadwozie Poloneza …oletnie. Chwaszczyno, … S-5438

PRALKĘ automatyczną RFN. Witomino, Hodowlana 13-29. S-54…

RADIOMAGNETOFON Kasprzak stereo na gwarancji. Tel. 23-63-16. S-5480

KAFELKI brązowe. Tel. 51-40-20.

PIEC do łazienki gazowy. Tel. 52-09-12. W-1293

PARKIET dębowy 15 m kw. Tel. 78-34-27. S-5003

PRALKĘ BIO na gwarancji. Oferty z ceną 4976 UPT 81-301 Gdynia 1.

KOMPUTER osobisty SINCLAIR ZX SPECTRUM. kuchenkę gazową. Telefon 72-40-36. S-4970

BILARD elektryczny. Tel. 31-00-49.

MAGNETOFON 8010. Tel. 23-02-33. G-16337

MEBLE kuchenne „Olsztyn" tel. 32-60-50. G-17703

KUCHENKĘ używaną. TV Ametyst zamienię na turystyczny. Tel. 41-67-97 G-15793

VIDEO sys. Beta, kasety 180 min VHS. Tel. 52-04-54. G-15645

ZESTAW Nordmende stereo system 102 SCP, prod. RFN, nowe. Tel. Tczew 48-13. G-17044

TELEWIZOR kolorowy Rubin stan idealny, gitarę klasyczną nową, pralkę kawalerkę używaną, gramofon Artur stereo, radio Zodiak kolumny 50 W gwarancje. Gdańsk, Ogarna 121-6. G-17040

LODÓWKĘ — zamrażarkę, zlewozmywak nierdzewny 2,20 m z baterią. Rumia-Janowo, Gdańska 4 m 32 S-13991

KUPIĘ

BONY PKO. Tel. 57-13-70. G 17949

USŁUGI

ŻALUZJE, drzwi harmonijkowe, dodatkowe, wygłuszanie, blacha. Tel. 22-03-59. G-16703

POGOTOWIE telewizyjne. Tel. 47-73-65. G-13459

AUTOELEKTRYK. Telefon 20-27-16. S-4723

PRZEPROWADZKI. Telefon 56-45-55. G-13595

TELEWIZYJNE. Telefon 31-47 70. G-15777

ALARMY przeciwwłamaniowe zabezpieczające mieszkania, wille, kościoły — inż. Błogin. Tel. 51-61-77. G-14359

Lekcja 3

Tragen Sie den Wortschatz zum Thema "Wohnen" in dieses Schema ein. Wenn Vokabeln sinnvoll miteinander in Verbindung gesetzt werden, können Sie sie besser behalten.

44

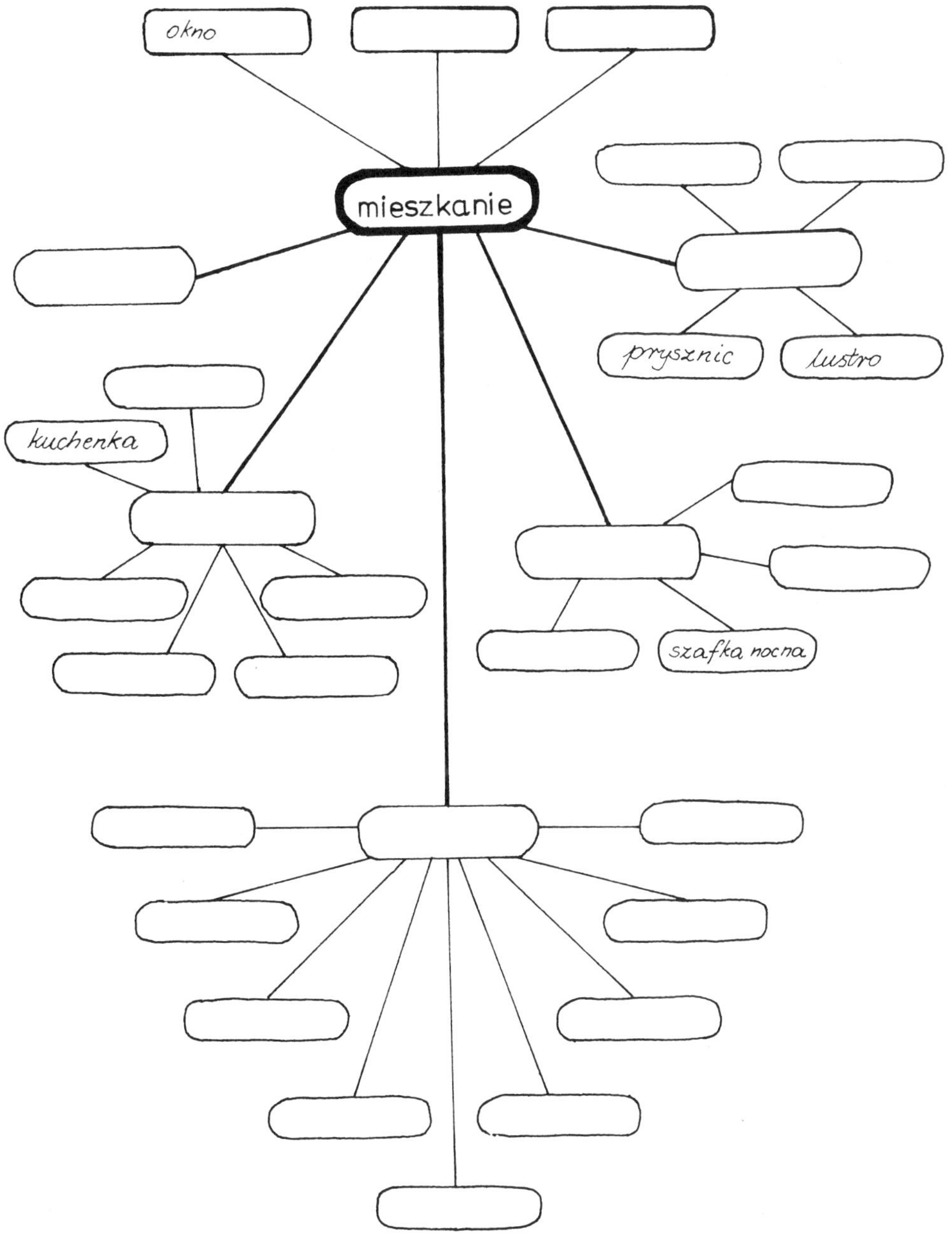

Lekcja 3

45 *Welches Wort paßt sinngemäß nicht zu den beiden anderen? Streichen Sie es durch.*

46 →

wanna, ~~krzesło,~~ umywalka	drzwi, okno, przedpokój
sypialnia, dziecinny, łazienka	fotel, krzesło, wersalka
lodówka, kuchenka, telewizor	stół, biurko, szafka
łóżko, wersalka, krzesło	balkon, sypialnia, kuchnia
lampa, telewizor, fotel	radio, telewizor, lodówka

Einzahl ? - Mehrzahl ?

pokój - pokoje......
.... balkony
.... - stoły
stolik - ....
fotel - ....
regał - ....
.... - telewizory
mebel - ....
.... - lampy
wanna - ....
kuchnia -................
kuchenka - ....
łazienka - ....
wersalka - ....
szafka - ....
szafa - ....
biurko - ....
okno - ....
krzesło - ....
radio - ....
lustro - ....

47 *Bilden Sie Wortpaare / Wortgruppen, die etwas gemeinsam haben.*

fotel - krzesło → wersalka - łóżko_____
lodówka - kuchenka → radio -__________
szafa - regał → biurko -______
łazienka - kuchnia → dziecinny -___________
stół - stolik → szafa -________
łóżko - wersalka → fotel -__________
radio - telewizor → kuchenka -_____________
szafa - szafka → stół -__________
stół - biurko → regał -_______
stołowy - sypialnia → kuchnia -__________
krzesło - fotel → łóżko -__________
stolik - stół → szafka -________
łazienka - kuchnia → sypialnia -____________
regał - szafa → stół -_________
kuchenka - lodówka → telewizor -________

[krzesło, wersalka, fotel
[regał na naczynia, szafka na ubrania,___________________

[stół, krzesła, regały na naczynia,
[wersalka, stolik, ______________________

[szafa na ubrania, biurko, łóżko piętrowe
[regały na naczynia, lodówka,_______________________________

[wersalka, fotele, stolik,
[regały na naczynia, krzesła,_______________________________

[regały na książki, szafa na ubrania, regały na naczynia,
[fotel, krzesło,____________________________

Lekcja 3

um Erlaubnis bitten	- Czy można otworzyć okno? zapalić? włączyć radio?
Zustimmung äußern	- Proszę bardzo. / Oczywiście.

C

48

Erinnern Sie sich, wie man um Erlaubnis bittet? Schreiben Sie es auf.

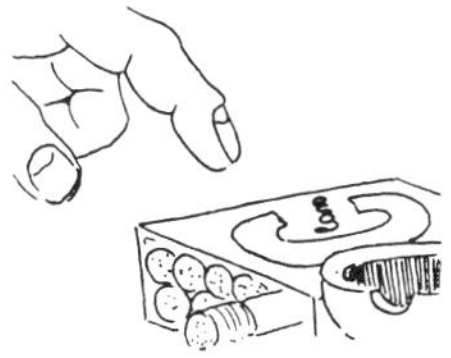

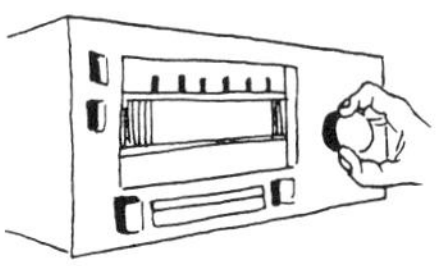

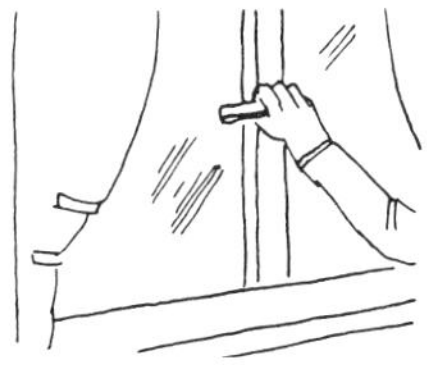

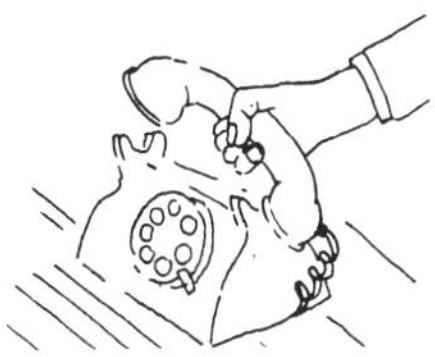

Lekcja 3

sich erkundigen	- Czy są wolne pokoje?
nach der Dauer fragen	- Na jak długo?
die Dauer angeben	- Na cztery dni.
Erleichterung ausdrücken	- Chwała Bogu!
sich beklagen	- Hotel jest okropny.
Kritik äußern	- Pokoje są brudne i zaniedbane.

D

49

Ein Tourist möchte in Polen im Hotel übernachten. Numerieren Sie die Sätze des Gesprächs an der Rezeption in der richtigen Reihenfolge.

1 - Dzień dobry.
- Z łazienką.
- Gdzie jest winda?
- Pokój 119 na piętrze.
- Proszę.
  Czy są jeszcze wolne pokoje?
- Z łazienką czy z prysznicem?
- Naprzeciw kiosku na lewo.
- Poproszę paszport.
  Proszę klucz.
- Na jak długo?
- No to poproszę jednoosobowy.
- Są.
- Na pięć dni.

50

Eine Touristin in Polen berichtet einer Bekannten von ihrem Hotelzimmer. Welches ist es?

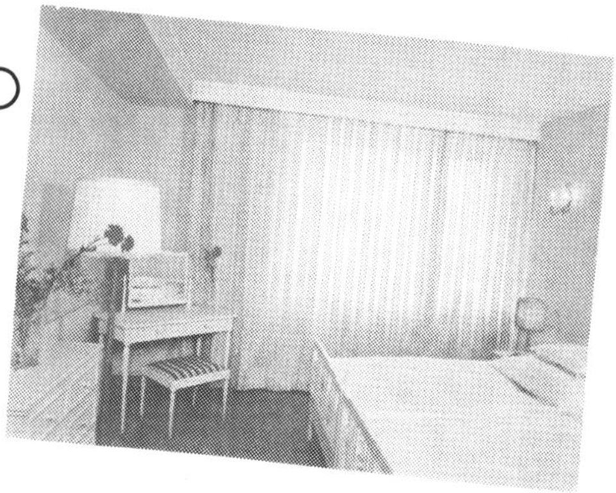

nach einem Ort fragen	- Przepraszam, gdzie jest winda?
den Ort angeben	- Na lewo, naprzeciw recepcji. - Na piętrze, obok kawiarni. - Na dole, koło kiosku.

E 51

Am Hoteleingang fragt Sie jemand, wo sich eine bestimmte Hoteleinrichtung befindet. Da Sie schon länger hier sind, können Sie die Auskunft geben.

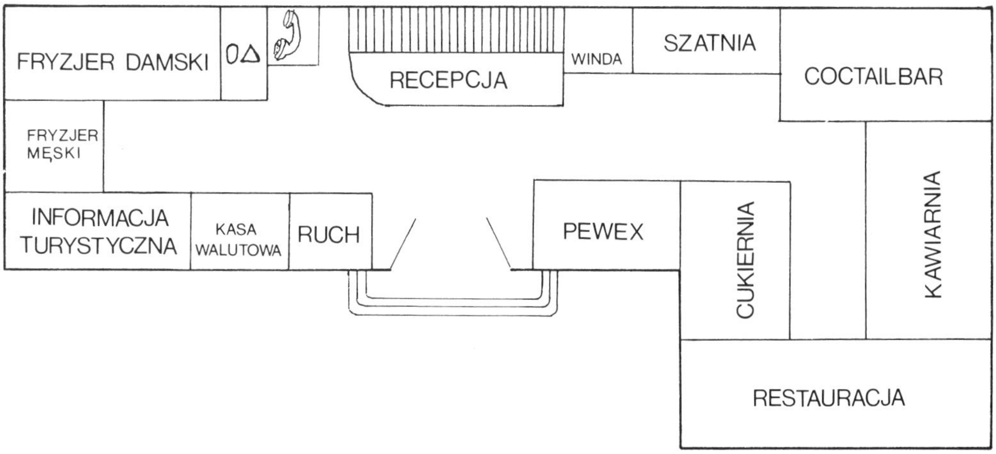

- Przepraszam, czy może mi pani powiedzieć, gdzie jest szatnia?
- Na prawo, koło coctailbaru.

kasa walutowa?

restauracja?

telefon?

są toalety?

Lekcja 3

52 *Die Werners haben Besuch aus Polen. Frau Sokołowska bittet, ihr die Wohnung zu zeigen. Ordnen Sie die Aussagen.*

- Nie, łazienka. Sypialnia jest naprzeciw.
- Tak. Tutaj też jemy.
- O! Jaka duża ! I jak nowocześnie urządzona.
- Obok jest sypialnia ?
Proszę.
-Też jest bardzo duża i jasna.
To duże mieszkanie.
- Proszę bardzo. Tu obok jest kuchnia.
- Czy można obejrzeć mieszkanie ?

53 *Stimmt die Beschreibung im Kasten mit dem Bild überein ?*

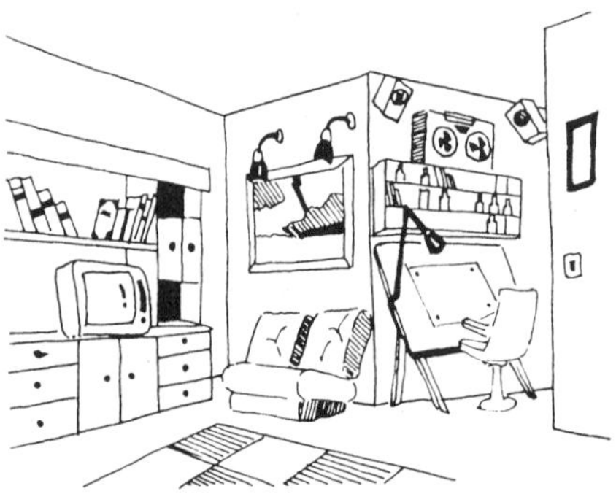

	TAK	NIE
Pokój jest kwadratowy.		
Tapety są kolorowe.		
Jest urządzony nowocześnie.		
Stoi tam biurko i łóżko.		
Na lewo stoi regał .		
Stoi tam też radio.		
Obok radia jest magnetofon.		
Obok regału są dwa fotele.		
Pokój jest bardzo zaniedbany.		

Lekcja 3

Ihre Bekannten aus Polen haben im letzten Brief gefragt, wie Sie wohnen. Schreiben Sie den Brief unten zu Ende und beantworten Sie die Frage so ausführlich wie möglich. 54

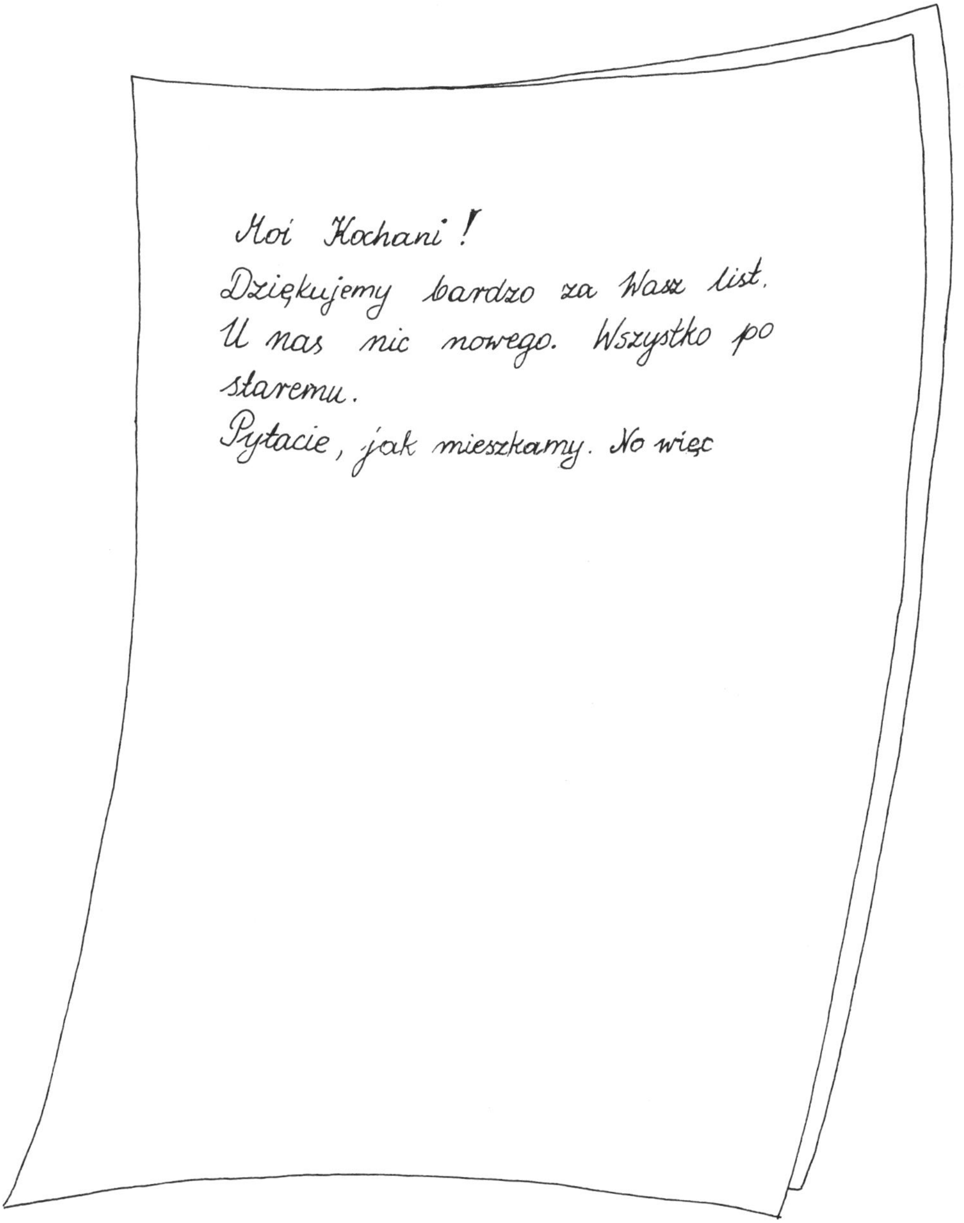

Lekcja 4

jemanden herbeirufen	- Proszę pana! Proszę pani!
etwas bestellen	- Czy można prosić o kartę? - Poproszę wodę mineralną. - Dla męża / żony piwo, a dla ... - Dla mnie sok jabłkowy proszę. - Wezmę Pepsi colę.
auf eine Bestellung reagieren	- Proszę. Już podaję. - Chwileczkę. Zaraz przyniosę.

A

55 *Ein Gespräch im Restaurant. Bringen Sie die Sätze in die richtige Reihenfolge.*

Proszę?

Proszę bardzo!

Poproszę o kartę!

Jest.

Proszę pani!

Jest już tylko sok jabłkowy.

A jest woda mineralna?

Czy podać coś do picia?

Może być?

Już podaję.

Nie, dziękuję.

No to poproszę wodę mineralną.

Tak, poproszę sok z czarnej porzeczki.

56

Füllen Sie das Schema aus.

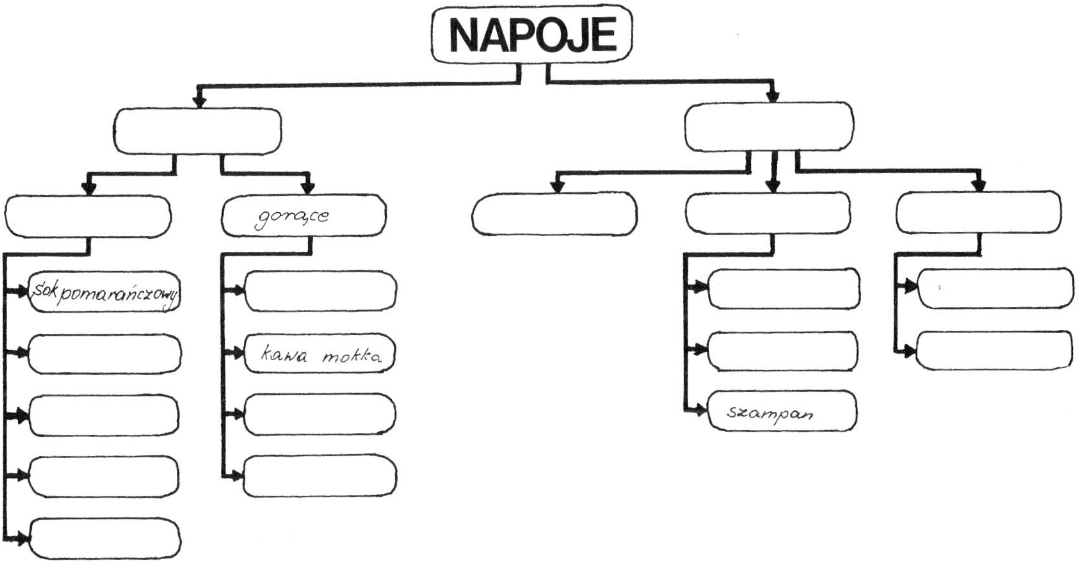

57

Was sagen Sie zu dem Kellner, wenn bei Ihrem Gedeck etwas fehlt?

Lekcja 4

58 *Sie möchten etwas zum Trinken bestellen. Schreiben Sie kleine Dialoge.*

sok z czarnej porzeczki → Pepsi cola

– Poproszę sok z czarnej porzeczki!
– Niestety nie ma. Jest tylko Pepsi cola.
– Może być. Wezmę Pepsi colę.

sok pomarańczowy → woda mineralna

herbata cejlońska → herbata ekspresowa

----

wódka „Wyborowa" → wódka „Żytnia"

----

59 *Welche Getränke können Sie hier noch eintragen?*

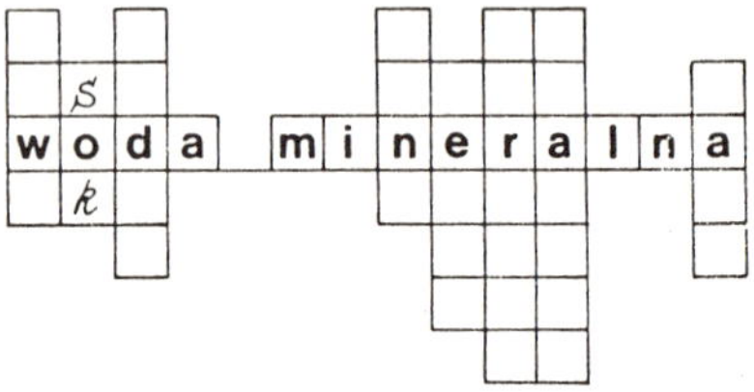

60 *Herr Nowak hat die Getränke für seine Frau, seine Tochter und seinen Sohn bestellt. Der Kellner bringt sie gerade.* **Ale co jest dla kogo?** *(Was ist für wen?)*

2 x dla mnie, dla ciebie, dla niego, dla niej, dla pana, dla mojej żony

- Czy podać coś do picia?
- Tak. Poproszę wodę mineralną i piwo, a dla dzieci jedną Pepsi i herbatę.
- Zaraz przyniosę.

****

- Piwo __________ ?
- Nie, ______________ . __________ jest woda mineralna.
- Proszę bardzo. A co __________ ? Sok czy herbata?
- Sok. Herbata jest ___________ .
- Nieprawda. Sok jest __________, a herbata _________ !

Lekcja 4

B

61

Welche Endung hat das Eigenschaftswort (Adjektiv)?

tort	*pieczeń*	*ciastko*	*sałatka*
☒ owocowy	○ wieprzowy	○ tortowy	○ pomidorowy
○ owocowa	○ wieprzowa	○ tortowa	○ pomidorowa
○ owocowe	○ wieprzowe	○ tortowe	○ pomidorowe

golonka	*kotlet*	*zrazy*	*budyń*
○ pieczony	○ mielony	○ wołowy	○ waniliowy
○ pieczona	○ mielona	○ wołowa	○ waniliowa
○ pieczone	○ mielone	○ wołowe	○ waniliowe

62

Das ist ein Aushang, wie Sie ihn in jeder Milchbar in Polen sehen können. Was gibt es heute?

	tak	nie
Czy jest barszcz ?	....	....
zupa pomidorowa ?	....	....
bigos ?	....	....
gulasz ?	....	....
Czy są gołąbki ?	....	....
pieczarki ?	....	....
zrazy ?	....	....
hamburgery ?	....	....
naleśniki ?	....	....

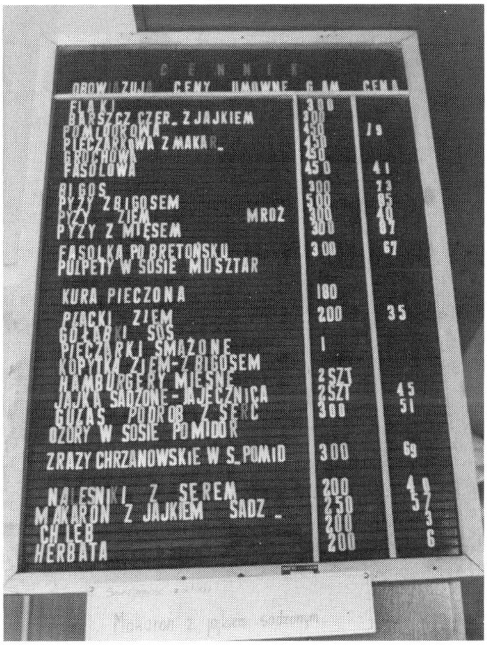

63

Wie bildet man von einem Hauptwort (Substantiv) ein Eigenschaftswort (Adjektiv)?

ogórek - zupa ogórkowa

pomidor - zupa __________

wanilia - lody __________

jabłko - sok __________

czekolada - lody __________

czekolada - tort __________

tort - ciastko __________

ananas - lody __________

pomarańcz - sok __________

Lekcja 4

Wünsche äußern	- Mam ochotę na piwo.
etwas bevorzugen	- Wolę pierogi z mięsem.
Unsicherheit ausdrücken	- Chyba wezmę bigos.
sich etwas empfehlen lassen	- Co pan poleca ?
etwas empfehlen	- Może lody waniliowe z bitą śmietaną ? Polecam lody bakaliowe.

C

64

Hören Sie sich das Gespräch auf der Cassette an. Schreiben Sie auf, was die Kellnerin sagt.

- Proszę pani !

_ _ _ _ _ _

- Czy można prosić o kartę ?

_ _ _ _ _ _ _ _ _ _ _ _ _ _ _ _ _ _ _ _

- Nie, dziękuję. Wezmę tylko kapuśniak i ...

_ _ _ _ _ _ _ _ _ _ _ _

- Szkoda. No to wezmę rosół. Albo nie ! Wolę barszcz.

_ _ _ _ _ _ _ _ _ _ _ _ _ _ _

- Poproszę gulasz wieprzowy.

_ _

- Z ziemniakami proszę.

_ _ _ _ _ _ _ _ _

- Do tego ? Nie rozumiem.

_ _ _ _ _ _ _ _ _ _ _ _ _ _ _ _ _ _ _

- Aha. Proszę podać z ogórkiem.

_ _

- Poproszę tylko kawę ze śmietanką.

_ _ _ _ _ _ _ _ _ _ _ _ _ _ _ _ _ _

Lekcja 4

Was bestellen die Eheleute Kaminski ? Schreiben Sie es unten auf. 65

- Proszę pana !
- Proszę .
- Czy można prosić o RZASBZC WECZYRON ?
- Niestety nie ma. Polecam ÓSRŁO .
- Dobrze, może być.
- A pani ?
- Ja poproszę PĘZU OWĄRODIMOP .
- A co na drugie danie ?
- Ja wezmę IGROPEI , a dla żony poproszę CZIEPEŃ .
- Czy podać coś na deser ?
- Oczywiście. Poproszę dwa razy ODYL ANIWELIOW , a do picia WĘKA .
- Proszę bardzo. Już podaję.

Pan Kamiński zamawia :

na 1. danie _____________________

na 2. danie _____________________

na deser _____________________

do picia _____________________

Pani Kamińska zamawia :

na 1. danie _____________________

na 2. danie _____________________

na deser _____________________

do picia _____________________

Sie sind Gast in einem Restaurant. Was sagen Sie ? Schreiben Sie es auf. 66

- ....
-Proszę ?
- ....
-Mamy świetny barszcz. Bardzo polecam.
- ....
- A co na drugie ?
- ....
- Czy podać też coś do picia ?
- ....
- A na deser ?
- ....
- Proszę bardzo. Zaraz przyniosę.

Lekcja 4

67 *In jeder Zeile ist ein Wort, das nicht zu den übrigen paßt. Streichen Sie es durch.*

sól, pieprz, ~~cukier~~, papryka
barszcz, kurczak, krupnik, kapuśniak
groszek, fasolka, zrazy, pieczarki smażone
zupa pomidorowa,zupa ogórkowa, rosół, bigos
pierogi, kasza gryczana, makaron, ryż, ziemniaki, frytki
pieczeń, golonka, zrazy, kurczak, fasolka
lody, woda mineralna, kisiel, budyń, ciastko
talerz, szklanka, kieliszek
łyżka, widelec, łyżeczka, rachunck, nóż
sok pomarańczowy, sok z czarnej porzeczki, herbata

68 *Welche Kombinationen erscheinen Ihnen ungenießbar ? Streichen Sie sie durch.*

Poproszę barszcz z uszkami.
Poproszę kiełbasę z makaronem.
Poproszę sałatkę z ziemniakami.
Czy można prosić o pierogi z mięsem ?
Czy można prosić o wódkę z sokiem pomarańczowym ?
Czy można prosić o gołąbki z frytkami ?
Poproszę lody czekoladowe z bitą śmietaną.
Czy ma pan sałatę ze śmietaną ?
Czy ma pan kisiel z ryżem ?

69 *Was geht womit ? Vergleichen Sie es im Zweifelsfall mit der Speisekarte.*

pierogi
z ogórkiem kiszonym
→ z mięsem
z kartoflami

barszcz
z pasztecikiem
z pieczarkami
z kurczakiem

kapuśniak
z kaszą gryczaną
z ziemniakami
z pasztecikiem

gołąbki
z frytkami
z ryżem
z kaszą gryczaną

herbata
ze śmietaną
z sosem
z cukrem

lody
z sosem pomidorowym
z sosem waniliowym
z sosem pieczarkowym

Lekcja 4

nach der Beschaffenheit fragen	- Jak smakuje zupa ? - Jaki jest twój kotlet ?
Lob aussprechen / Komplimente machen	- Żur smakuje wspaniale / wybornie / wyśmienicie / bardzo dobrze. Mięso jest wspaniałe / wyborne / wyśmienite / bardzo dobre. - Palce lizać !
Unzufriedenheit / Kritik äußern	- Zupa jest za słona / za ostra / kwaśna / ... - Schabowy jest nieświeży / za twardy / ...

70

Mit welchen Worten werden diese Speisen üblicherweise beschrieben ? Kreuzen Sie alle Möglichkeiten an.

	słone	słodkie	kwaśne	ostre	twarde	tłuste	zimne	gorące	przypalone
piwo	–	+	+	–	–	–	+	–	–
kotlet									
(zupa) żur									
lody wanil.									
szaszłyk									
kluski									
budyń									
bigos									
ziemniaki									

71

Beschreiben Sie Ihr Essen und fragen Sie Ihren Begleiter nach seinem. Das Beispiel hilft Ihnen dabei.

rosół - ogórkowa - za słone

- Mój rosół jest za słony. A twoja ogórkowa? - Też jest za słona.

pieczeń - gulasz - za tłuste

_ _ _ _ _ _ _ _ _ _ _ _ _ _ _ _ _ _ _ _

mielony - gołąbki - nieświeże

_ _ _ _ _ _ _ _ _ _ _ _ _ _ _ _ _ _ _ _

krem cytrynowy - ciastko - wspaniałe

_ _ _ _ _ _ _ _ _ _ _ _ _ _ _ _ _ _ _ _

Lekcja 4

zrazy - kurczak - bardzo dobre

---

piwo - wino - za ciepłe

---

72 *Schauen Sie die Bilder genau an und beschreiben Sie das Essen.*

Pierogi są ....

Ryba jest ....

Mięso jest ....

Kawa jest ....

73 *Ein Wort in jeder Reihe paßt nicht zu der Geschmacksrichtung. Streichen Sie es durch.*

... kwaśne ?	ogórek kiszony, kapuśniak, ryż
... słodkie ?	miód, lody, ziemniaki, bita śmietana
... tłuste ?	bigos, budyń, pieczeń, rosół, masło, smalec, frytki
... gorące ?	lody malinowe, gołąbki, kasza gryczana, rosół
... twarde ?	kotlet mielony, zrazy, kisiel, pieczeń
... ostre ?	gulasz, chleb, bigos, barszcz
... słone ?	makaron, gołąbki, kotlet schabowy, bita śmietana

Lekcja 4

F

74

Welcher der beiden Sätze entspricht inhaltlich der vorangestellten Aussage?

Dobra jest golonka.
- ☒ Polecam golonkę
- ○ Tak, poproszę z ziemniakami.

Poproszę piwo!
- ○ Dla mnie piwo proszę.
- ○ Wolę piwo.

Poproszę o kartę!
- ○ Czy jest karta?
- ○ Czy można prosić o kartę?

Jak smakuje pieczeń?
- ○ Czy smakuje pieczeń?
- ○ Jaka jest pieczeń?

Poproszę o rachunek!
- ○ Czy można zapłacić?
- ○ Razem czy osobno?

Ma pan Pepsi?
- ○ Wezmę Pepsi colę.
- ○ Jest Pepsi cola?

75

Welcher der beiden Sätze ist eine Reaktion auf die vorangestellte Äußerung?

Polecam lody bakaliowe.
- ☒ Poproszę.
- ○ Wolę lody waniliowe.

Czy podać coś do picia?
- ○ Oczywiście.
- ○ Poproszę herbatę z cytryną.

Razem czy osobno?
- ○ Ja płacę za bigos z kartoflami.
- ○ Poproszę o rachunek.

Czy podać coś jeszcze?
- ○ Poproszę o kartę.
- ○ Wezmę do tego frytki.

76

In diesem Kasten verbergen sich 24 Gerichte von der Speisekarte. Finden Sie alle?

K	A	S	Z	A	N	K	A	L	N	B	A	R	S	Z	C	Z	L	O	S	E
O	F	A	S	O	L	K	A	R	P	I	E	C	Z	E	Ń	R	O	S	Ó	Ł
T	Ą	Ł	G	O	Ł	Ą	B	K	I	G	O	L	O	N	K	A	D	Ę	Ł	B
L	Ż	A	U	M	I	P	I	E	R	O	G	I	R	E	K	Z	Y	R	P	U
E	U	T	W	A	R	Ó	G	R	O	S	Z	E	K	Ó	W	Y	M	Y	I	D
T	R	K	A	P	U	Ś	N	I	A	K	R	U	P	N	I	K	F	Ż	Q	Y
I	M	A	K	A	R	O	N	A	L	E	Ś	N	I	K	I	S	I	E	L	Ń
A	Ń	P	I	E	C	Z	A	R	K	I	N	Ś	M	I	E	T	A	N	A	T

Lekcja 4

Lekcja 4

In diesem Restaurant geht es zu wie in einem Taubenschlag. Was sagen die Leute? Schreiben Sie die zueinander passenden Aussagen auf.

77

so ① ② oder so ② ①

⑬

Lekcja 5

A

etwas anbieten	- Napije się pan soku / herbaty / wina ? - Może wypije pani filiżankę kawy / kieliszek wódki ? - Może zje pani kawałek tortu ? - Spróbuje pan bigosu ? - Jeszcze trochę mięsa ?
ein Angebot annehmen	- Chętnie, poproszę. - Chętnie zjem / spróbuję / wypiję.
ein Angebot zurückweisen	- Nie, dziękuję. Już jadłem. Nie jestem głodny. - Dziękuję, ale już jestem najedzona. - Dziękuję bardzo, ale nie wolno mi pić kawy.

78 *Vervollständigen Sie die Dialoge.*

- Może .... pani kawy ?
- .... , poproszę.
- A pan ? Też filiżankę kawy ?
- Dziękuję, ... kawy.
- No to może herbaty ?
- ....

- Może pani coś .... ? Mam zupę jarzynową i zrazy.
- Dziękuję, ale już .... w hotelu.

- Może pan coś zje ? Mam ....
- Dziękuję, ale nie wolno mi jeść ....
- No to może .... ?
- Nie, dziękuję. Już jadłem w hotelu.
- A może pan .... ?
- A to chętnie.

- Proszę, proszę wziąć więcej ! Jest .... dużo pierogów.
- Dziękuję, chętnie wezmę. ....

- Może weźmie pan .... bigosu ?
- Nie, dziękuję, ale jestem już ....
- Może jednak troszeczkę ?
- .... Jest bardzo dobry, ale już nie mogę.
- Jedną łyżkę ?
- Nie, naprawdę dziękuję. ....

- Może pani .... trochę sałatki jarzynowej lub ogórkowej ?
- Chętnie .... trochę sałatki jarzynowej.
- ....

- Proszę spróbować moich grzybków.
- Dziękuję bardzo, ale ....grzybów.
- No to może pan .... mojej konfitury ?
- .... , ale poproszę tylko ....

B

79

Die fehlenden Wörter stammen alle aus der Speisekarte. Die eingekreisten Buchstaben ergeben ein Wort, das im Zusammenhang mit Essen oft gebraucht wird. Diesem Wort folgt gewöhnlich ein ***nawzajem.***

Wypije pan szklankę ______ pomarańczowego ?

Zje pani jeszcze trochę ________ ?

Może podać filiżankę ______ ze śmietanką ?

Jeszcze kawałek ___________ wieprzowej ?

Zje pan może pół ___________ pieczonego ?

Może pani zje trochę __________ z surówką z kapusty ?

Zje pan na deser małą porcję _______ owocowego ?

Jeszcze troszkę ________ ?

Może filiżankę ________ z żółtkiem ?

__________ **NAWZAJEM !**

80

Wie bitten Sie um einen "Nachschlag"? Beachten Sie das Beispiel.

Można prosić o jeszcze jedną szklankę herbaty?

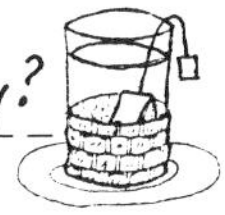

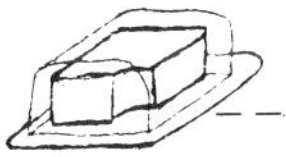

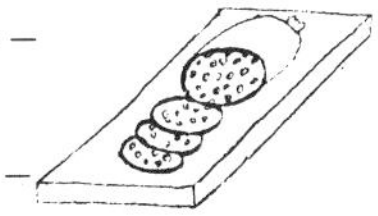

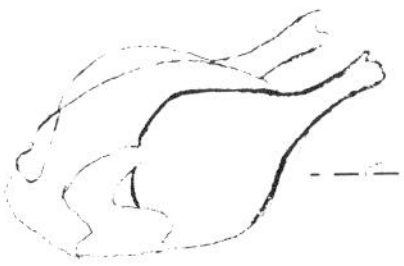

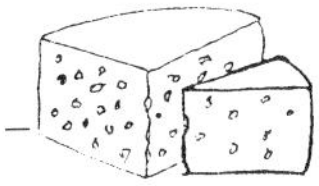

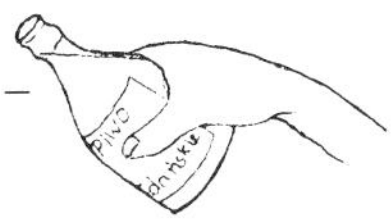

Lekcja 5

Abneigung äußern	- Nie lubię zupy pomidorowej. - Nie przepadam za sokiem pomidorowym.
einen Gegenwunsch äußern	- Wolałbym zamiast soku pomidorowego szklankę dobrej herbaty.

C

81 *Sie möchten gern etwas zurückweisen, ohne den Gastgebern gegenüber unhöflich zu erscheinen. Wie machen Sie das ?*

Może pani napije się wina ?

Prawdę mówiąc nie przepadam za winem.

Wolałabym zamiast wina filiżankę mocnej kawy.

Może pan wypije kieliszek wódki ?

Może pani zje plasterek szynki ?

Może pan zje budyniu na deser ?

82 *"Mit" oder "ohne" ? Sie möchten es "lieber ohne". Wie drücken Sie das auf polnisch aus ?*

Czy pan je ziemniaki z tłuszczem czy bez ?

Wolałbym bez tłuszczu, jeśli można prosić.

Czy pan je zupę z chlebem czy bez ?

Czy pani je naleśniki z cukrem czy bez ?

Czy pan pije kawę ze śmietanką czy bez ?

Lekcja 5

Napije się pani wódki z sokiem pomarańczowym ?

_ _

Woli pani wątróbkę z cebulą czy bez ?

_ _

Zje pan lody z bitą śmietaną ?

_ _

83

Wird bei einem Besuch Essen oder Trinken angeboten, werden oft Verkleinerungsformen verwendet. Erkennen Sie, um was es sich handelt ?

______________ szklaneczka	______________ kapuśniaczek	______________ barszczyk
______________ szyneczka	______________ plastereczek	______________ talerzyk
______________ bułeczka	______________ soczek	______________ nożyk
______________ kromeczka	______________ kawałeczek	______________ piwko
______________ wódeczka	______________ kieliszeczek	______________ winko
______________ łyżeczka	______________ żurek	______________ mięsko
______________ kawka	______________ chlebek	______________ ciasteczko
______________ herbatka	______________ serek	______________ ziemniaczki
______________ cytrynka	______________ bigosik	______________ kartofelki
______________ zupka	______________ kotlecik	______________ pierożki

D

84

Hören Sie sich an, was Sie machen können, wenn Sie kein Sauerkraut für Bigos haben. Ergänzen Sie die Sätze.

Co zrobić, gdy brakuje kiszonej kapusty na bigos ?
O ! To proste.
Zamiast kiszonej kapusty proszę wziąć ...kilka listków ....
Zamiast mięsa wołowego ....
Zamiast słoniny ....
Zamiast grzybów ....

I zamiast bigosu będą ....

Lekcja 5

85 *Woraus werden diese Sachen gemacht ? Verbinden Sie die passenden Satzteile mit einem Pfeil.*

Czerwony barszcz robi się	z kiszonej kapusty i mięsa.
Bigos robi się	z ziemniaków i cukru.
Kapuśniak robi się	z buraków.
Gołąbki robi się	z ogórka i śmietany.
Mizerię robi się	z rosołu i kapusty.
Wódkę Wyborową robi się	z mielonego mięsa i ryżu.

E

86 *Schreiben Sie, welche deutschen Eßgewohnheiten von den polnischen abweichen.*

87 *In diesem Kasten sind Bezeichnungen der Mahlzeiten enthalten. Um sie zu finden, müssen Sie in allen denkbaren Richtungen suchen.*

Ś	N	I	K	O	L	A	C	J
O	N	A	O	B	I	A	N	D
L	Ś	I	L	I	N	U	C	K
O	B	I	A	A	K	L	O	M
D	A	M	C	D	U	L	F	U
K	O	L	A	C	A	O	B	L
E	N	A	D	C	I	N	N	Ś
Ś	N	I	J	D	A	N	I	E
B	K	A	L	A	C	J	A	E

Lekcja 5

Beantworten Sie die Fragen und verwenden Sie dabei die unpersönliche Form. 88

Ile godzin tygodniowo pracuje się w RFN-ie ?

....

Ile lat studiuje się medycynę ?

....

Ile lat chodzi się do gimnazjum ?

....

Ile płaci się za bilet komunikacji miejskiej ?

....

Gdzie kupuje się znaczki ?

....

Jak robi się sałatkę z ziemniaków ?

....

....

....

Hören Sie sich diese Szene auf der Cassette an und kreisen Sie die Nummern der Behauptungen ein, die mit dem Inhalt der Aufnahme übereinstimmen. 89

1. Die Eheleute Berger sind zu Besuch bei ihren Bekannten, den Sokołowskis.
2. Sie wurden zum Abendessen eingeladen.
3. Zuerst besichtigen sie die Wohnung, in der sie zum ersten Mal sind.
4. Die Wohnung gefällt ihnen gut.
5. Familie Sokołowski wohnt schon drei Jahre hier.
6. Anschließend bittet Herr Sokołowski die Gäste zu Tisch.
7. Frau Sokołowski bietet den Gästen einen kleinen Wodka vor dem Essen an.
8. Frau Berger trinkt gern einen Wodka. Ihr Mann muß aber noch fahren.
9. Herr Sokołowski holt aus der Küche den gekühlten Wodka und drei Gläser.
10. Das Essen fängt mit żur an.
11. Frau Sokołowski scheint die Suppe zu salzig zu sein.
12. Die Gäste loben aber die Suppe und beide nehmen gern einen Nachschlag.
13. Zum zweiten Gang gibt es pierogi.
14. Frau Berger hat pierogi noch nie gegessen.
15. Frau Sokołowski erklärt ihr, wie man sie macht.
16. Die Herren unterhalten sich inzwischen über die Reisepläne der Bergers.
17. Herr Berger fragt nach den Urlaubsplänen der Sokołowskis.
18. Sokołowskis haben eine Reise nach Spanien gebucht.
19. Frau Sokołowski bietet Kaffee an.
20. Die Gäste möchten gern Kaffee trinken. Nur Herr Sokołowski zieht Tee vor.
21. Alle gehen hinüber in den Garten.

Lekcja 6

sich vergewissern	- Panu chyba chodzi o kostkę rosołu? - Czy to wszystko? Coś jeszcze?
einen Mangel nennen	- Nie ma już ani bułek ani rogalików.
Bedauern ausdrücken	- Szkoda.
seine Entscheidung ändern	- W takim razie wezmę pół chleba.

A

90

Eine deutsche Touristin kauft in einem polnischen Lebensmittelladen ein. Schreiben Sie das Gespräch auf.

Czy to wszystko ?

Aaaa, pani chodzi o 25 deko.

Tak, czy chleb jest świeży ?

Chwileczke... Proszę bardzo.

Poproszę kilo ogórków.

Nie, wezmę jeszcze pół funta cebuli.

Nie, to za dużo. Pół funta to znaczy 250 gramów. Jak to się mówi po polsku ?

Jeszcze coś ?

Pół czego? Pani pewnie chodzi o pół kilo ?

To wszystko, dziękuję.

ILe płacę ?

Jest tylko nocny.

Szkoda. W takim razie proszę mi dać tylko pół.

Świeżego chleba już nie ma.

To jest twardy orzech do zgryzienia.

Knacken Sie diese harte Nuß ?

Lekcja 6

Üben Sie die Mengenangaben. 91

pół

kilogram

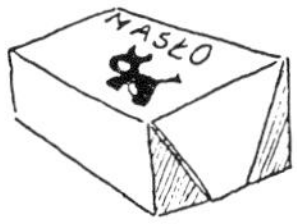

kostka

pudełko

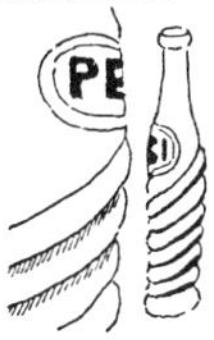

butelka

słoik

główka

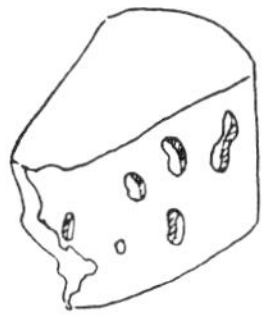

kawałek

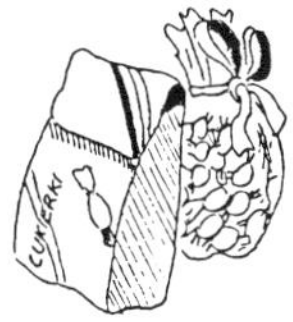

torebka

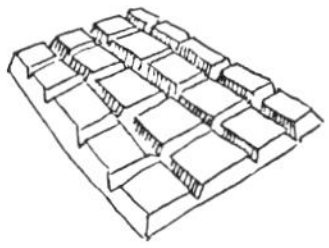

tabliczka

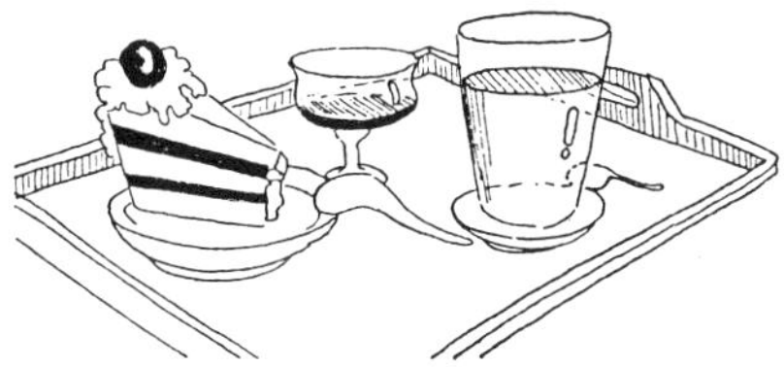

Lekcja 6

92 *Tragen Sie die verschiedenen Verpackungs- oder Mengenbezeichnungen in das Kreuzworträtsel ein. Die numerierten Buchstaben ergeben das Lösungswort, das zugleich der Oberbegriff für alle übrigen Wörter ist.*

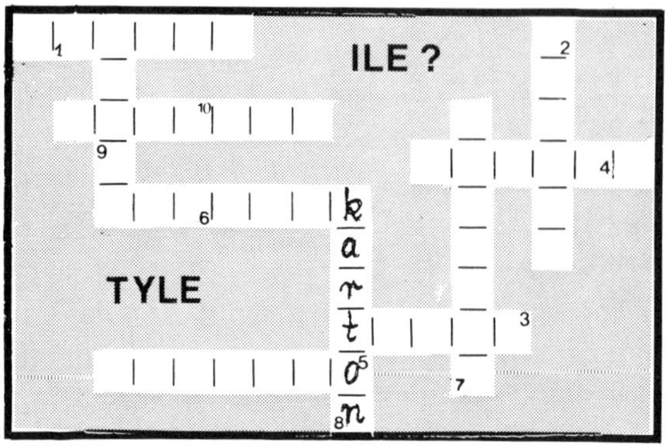

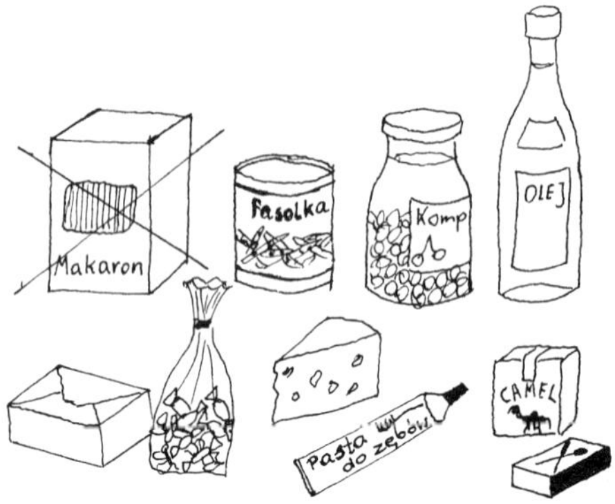

____

93 *Auf der Cassette hören Sie drei Einkaufssituationen. Notieren Sie in Form eines Einkaufszettels, was die Personen kaufen wollten.*

94 *Diese Form der Wortschatzübung kennen Sie bereits. Streichen Sie das Wort in jeder Zeile, das nicht paßt, und schreiben Sie vier weitere Übungszeilen.*

agrest, gruszka, ananas
ananas, banan, śliwka
porzeczka, wiśnia, czereśnia
agrest, porzeczka, wiśnia
śliwka, czereśnia, winogrono
truskawka, malina, porzeczka
wiśnia, czereśnia, gruszka
winogrono, pomarańcz, malina

agrest, jeżyna, jabłko
gruszka, śliwka, agrest
truskawka, wiśnia, malina
____
____
____
____

Lekcja 6

Wie lautet die Mehrzahlform (Pluralform) ? **95**

pomidor pomidory
ser ______
chleb ______
banan ______
ananas ______
ziemniak ______
ogórek ______

wiśnia ______
czereśnia ______
pomarańcz ______
cebula ______
malina ______
cytryna ______
jeżyna ______

jabłko ______
jajko ______
wino ______
winogrono ______
piwo ______

Hier sind 14 Obstsorten versteckt. Finden Sie sie ? **96**

B	J	A	B	Ł	K	A	H	W	I	N	O	G	R	O	N	A	Ł	H	U	T	E	F	O
A	J	H	F	T	U	G	T	I	T	F	L	R	U	T	I	N	U	B	F	H	M	Ń	R
N	E	F	C	Z	E	R	E	Ś	N	I	E	U	P	O	M	A	R	A	Ń	C	Z	E	Z
A	Ż	Ł	U	F	W	E	U	N	L	H	U	S	I	L	O	N	I	Ł	T	M	J	G	Ę
N	Y	T	I	O	H	S	T	I	F	I	W	Z	Ś	Ę	M	A	L	I	N	Y	H	I	C
Y	N	H	F	L	U	T	F	E	H	Ś	I	K	T	R	U	S	K	A	W	K	I	G	H
C	Y	T	R	Y	N	Y	W	U	T	Ś	L	I	W	K	I	Y	H	T	I	D	Ę	L	Y

Aus den Buchstaben in den Kästchen lassen sich jeweils drei Wörter bilden. Es sind Bezeichnungen von Gemüsesorten. **97**

A B C D E G I I K L M O O O Ó P R R U Y	A A A A A A E I I I K K Ł M N P S S T T U Z	A A A A C E E F G K K H L M O O R R S S W Z
ogórki	______	______
______	______	______
______	______	______

Lekcja 6

B

Üben Sie nochmals die die Mengenangaben.

98

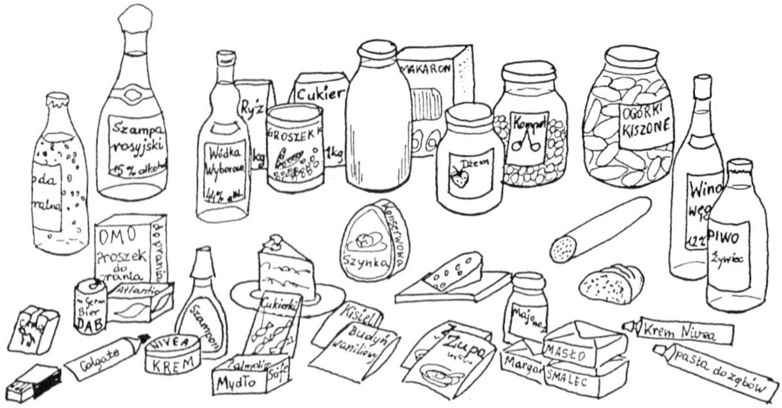

Poproszę słoik ...dżemu, ogórków,.......................................

kostkę ....

tubkę ....

puszkę ....

butelkę ....

paczkę ....

torebkę ....

pudełko..

kilo ....

kawałek ....

99 *Sie möchten ein Päckchen nach Polen schicken. Füllen Sie das Formular aus.*

Vor dem Ausfüllen dieser Erklärung die ... lesen
Avant de remplir cette déclarati...

Deutsche Bundespost
Administration des postes et télécommunications de la République fédérale d'Allemagne

Zollinhaltserklärung
Déclaration en douane

C 2 / CP

1 Name und Anschrift des Absenders/Nom et adresse de l'expéditeur

2 Gegebenenfalls Bezugsnummer des Absenders
Eventuellement numéro de référence de l'expéditeur

12 Zahl der Sendungen Nombre d'envois	13 Genaue Bezeichnung des Inhalts Désignation détaillée du contenu	14 Zolltarif-Nr. N° tarifaire	15 Nettogewicht Poids net kg	g	kg 16 Wert Valeur DM
1	paczka kawy tabliczka czekolady		0,5 kg –	 150 g	11,– 2,30

OVA 10. 80 / 6 5 4 3 2 915 803 0

Lekcja 6

einen Wunsch äußern	- Chciałabym zobaczyć tę różową bluzkę. - Chciałbym przymierzyć tamte sandały.
eine Vermutung äußern	- Wydaje mi się, że ...
nach einer Ware fragen	- Ma pani większy rozmiar? - Czy jest większa bluzka? - Ma pan jaśniejsze sandały?
die Farbe angeben	- niebieskiego koloru
einen Vorschlag machen	- Chce pan przymierzyć / spróbować?
etwas vergleichen	- Te buty są mniejsze niż tamte. - Ty jesteś większy niż ja.
sein Äußeres beschreiben	- Będę miał /-ła na sobie białą kurtkę.

F

100

Üben Sie das Vergleichen.

← Ten but jest mniejszy niż tamten. →

Lekcja 6

101 Tragen Sie die bisher gelernten Kleidungsstücke so ein, daß jeweils ein Buchstabe von **koszula** verwendet wird.

			s	u	K	i	e	n	k	a		
					O							
					S							
					Z							
					U							
					L							
					A							

102 Ein Kleidungsstück paßt Ihnen nicht. Wie fragen Sie die Verkäuferin nach einem anderen?

Ten płaszcz jest na mnie za mały. Czy ma pani większy?

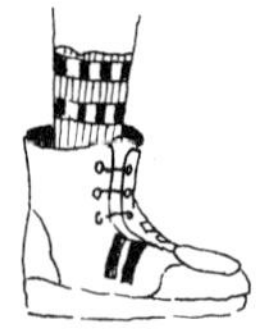

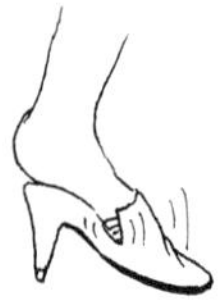

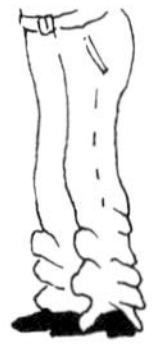

Lekcja 6

Schreiben Sie die richtigen Äußerungen in die entsprechenden Sprechblasen. **103**

Jesteś już taka duża jak ja.
Nieprawda. Jesteś mniejszy ode mnie.
Jestem większa niż ty !
Nieprawda. Jestem mniejsza niż ty.
Jestem większy od ciebie !

Nehmen Sie an diesem Mini-Quiz in "Länderkunde" teil. Die Richtigkeit Ihrer Antworten können Sie mit Hilfe des Kästchens rechts überprüfen. **104**

	tak	nie
Czy Polska jest większa niż RFN ?	.....	.....
Czy Warszawa jest mniejsza niż Hamburg ?	.....	.....
Czy Wisła jest dłuższa niż Ren ?	.....	.....
Czy Odra jest krótsza niż Men ?	.....	.....

312.000km — 248.000km
2,2 mln — 1,8 mln
1070 km — 1320
912 km — 524

Verbinden Sie die passenden Satzteile. **105**

Teraz modne są	o większy rozmiar ?
Niebieskie buty nie pasują	tamte kozaki.
Czy można prosić	do zielonego płaszcza.
Czy ma pani torebki	tamte pantofle.
Chciałabym przymierzyć	dłuższe sukienki i spódnice.
Proszę mi podać	brązowego koloru ?

Lekcja 6

G

106

Was für Kleidungsstücke verbergen sich hier?

SZULAKO	ZACPAK CZAPKA
ZAŁSCZP	SONEPDI ....
TYBU	SEWERT ....
AKNEIKUS	LANEPFOT ....
	YŁDANAS ....

107

Diese Szenen könnten sich in einer Garderobe oder bei einem Besuch ereignen. Stellen Sie klar, welche Gegenstände Ihnen gehören.

- Czyj to płaszcz? Pana?
  Nie, nie mój. Mój jest tamten brązowy.
- Czyja to czapka? Pani?
  ____
- Czyj to szalik? Pana?
  ____
- Czyja to kurtka? Pana?
  ____
- Czyje to rękawiczki? Pani?
  ____
- Czyja to marynarka? Pana?
  ____
- Czyj to parasol? Państwa?
  ____

H

108

Schauen Sie den jungen Mann an. Wie beschreibt er sein Aussehen?

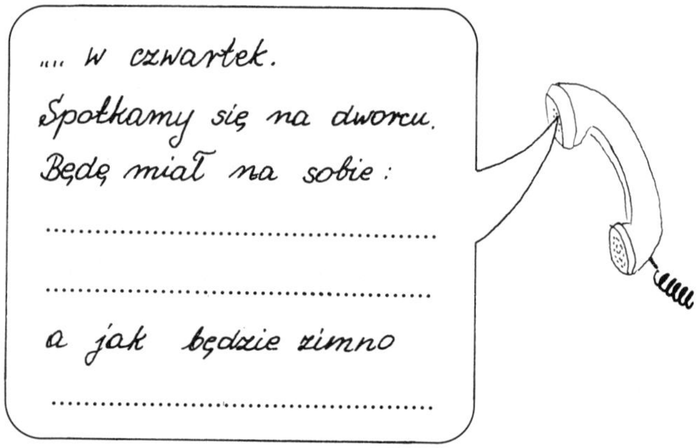

Lekcja 6

109

Von der ersten Lektion an hatten Sie mit dem Wörtchen ***mi*** *- mir zu tun. Können Sie es inzwischen richtig einsetzen? Wo gehört es hin und wo nicht? Was muß in den anderen Lücken stehen?*

1. Bardzo _____ się podoba państwa mieszkanie.
2. Proszę _____ podać jeszcze jedno piwo!
3. Nie przeszkadza _____, że kawa jest niefiltrowana. Chętnie wypiję.
4. Wydaje _____ się, że przesadzasz. Nie jest tu tak brudno.
5. Jestem lepszy od _____!
6. Nie rozumiesz? Nie chodzi _____ o pieniądze. Chodzi o czas.
7. Szkoda, że nie mogę _____ podać kawy, ale już nie mam.
8. Dziękuję _____ za paczkę.
9. Mylą _____ się te kolory. Ta kurtka jest zielona czy niebieska?
10. Te buty nie pasują na _______.
11. To piwo jest dla _____ czy dla _____?
12. Jak myślisz? Wystarczy _____ pieniędzy na pół chleba?
13. Popatrz, kupiłam _____ nową torebkę. Podoba _____ się?
14. Nie wolno _____ szybko chodzić.
15. Co słychać u _____? Nic nowego. Nie narzekam.
16. Uczę _____ języka polskiego. To nie takie proste.
17. Nie smakuje _____ ten rosół. Jest po prostu za tłusty.
18. Jesteś większa ode _____ czy ja od _____?
19. Czy ten list jest do _____?

110

Bei den kleinen Einkäufen müssen Sie sich für einen der angegebenen Artikel entscheiden. Tragen Sie die vorgegebenen Wörter ein.

- Czy ma pani album o Krakowie?
- Tak, nawet dwa. Ten mniejszy jest czarnobiały, a ten tutaj kolorowy.
- Wezmę może ten ....

- Czy jest plan miasta?
- A jaki pani woli? Ten tutaj jest tańszy, ale ten drugi jest lepszy, bo ze spisem ulic. Ale też i więcej kosztuje.
- Poproszę ten ....

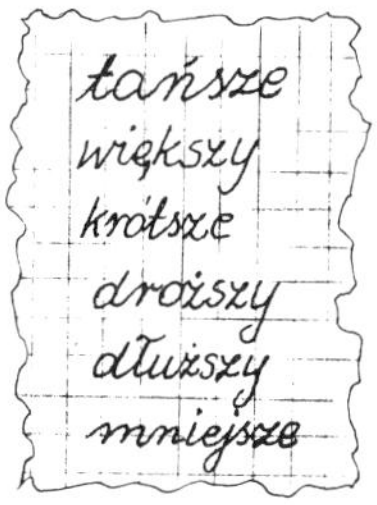

- Ma pan filmy do aparatu?
- Uhm. Po 24 i po 36 zdjęć? Który pan woli?
- Wezmę ten ....

- Poproszę dwa bilety na dziś wieczór.
- Jest jeszcze dużo wolnych na balkonie. Mam też kilka dobrych na parterze.
- Chyba wezmę te ....

Lekcja 6

111 *Sie machen einen Einkaufsbummel. Was könnten Sie in diesen Geschäften kaufen? Listen Sie auf, was Ihnen einfällt.*

W sklepie obuwniczym

W sklepie meblowym

W piekarni

W sklepie warzywniczym

W ap

wata

plaste

112 *Sie können bereits Hauptwörter (Substantive) durch entsprechende Fürwörter (Pronomen) ersetzen. Die Kurzformen werden gebraucht, um Wiederholungen zu vermeiden. Am häufigsten brauchen Sie die Kurzformen des Akkusativs (z.B. Ich habe ihn gekauft. Wo siehst du sie?). Ergänzen Sie die Fragen und beantworten Sie sie. Denken Sie daran, daß nach* **koło** *immer der Genitiv steht.*

Nom.	on	ona	ono	one
Akk.	**go**	**ją**	**je**	**je**

1. Jaki ładny album! Gdzie go kupiłaś? W tej księgarni koło sklepu spożywczego.
2. Jakie smaczne jabłka! Gdzie ____ kupiłeś? W tym sklepie ____
3. Skąd masz niemiecką gazetę? Gdzie ____ kupiłaś? ____
4. Podobają mi się te rękawiczki. Gdzie ____ kupiłeś? ____
5. To bardzo ciekawa książka. Gdzie ____ kupiłeś? ____

Lekcja 6

W księgarni	W sklepie spożywczym	W sklepie odzieżowym	W sklepie kosmetycznym	W kiosku
_______	___________	___________	_______	_____
_______	___________	___________	_______	_____
_______	___________	___________	_______	_____
_______	___________	___________	_______	_____
_______	___________	___________	_______	_____
_______	___________	___________	_______	_____
_______	___________	___________	_______	_____

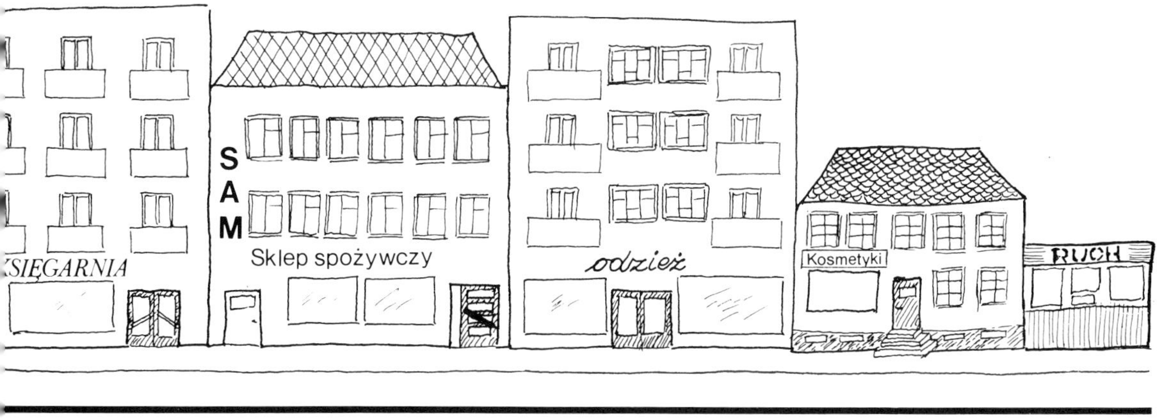

6. Wspaniały jest ten żytni chlebek. Gdzie ____ kupiłeś? ____________________
7. Skąd ty masz kawę?! Gdzie ____ kupiłaś? ____________________
8. Masz nowe kozaki? Gdzie ____ kupiłaś? ____________________
9. Jakie dobre wino! Gdzie ____ kupiłeś? ____________________
10. Skąd masz watę? Gdzie ____ kupiłaś? ____________________
11. Czy masz mleczko kosmetyczne? A gdzie ____ kupiłaś? ____________________
12. Jakie ładne meble! Gdzie ____ kupiłeś? ____________________
13. Niezły masz szalik. Gdzie ____ kupiłeś? ____________________
14. To naprawdę jest szampan?! Gdzie ____ kupiłeś? ____________________
15. To piwo jest okropne! Gdzie ty ____ kupiłaś?! ____________________

Lekcja 6

jemanden nach seiner Meinung fragen	- Jak myślisz? Jak pani myśli? - Którą wolisz szkołę? - Który samochód bardziej / lepiej ci się podoba? - Jesteś zadowolony /-a z twojego samochodu?
seine Entscheidung / Wahl begründen	- Maluch jest może mniej wygodny, ale za to bardziej oszczędny. - Wolę BMW, bo jest szybsze. - To nie na moją kieszeń.
sich vergewissern	- To prawda, że ...?
eine Behauptung zurückweisen	- Coś ty!
ein Thema abbrechen	- Jak długo można gadać o samochodach! Mam już dość!

I

113 *Welches Hotel bevorzugen Sie für einen kurzen Aufenthalt? Begründen Sie Ihre Wahl ausführlich.*

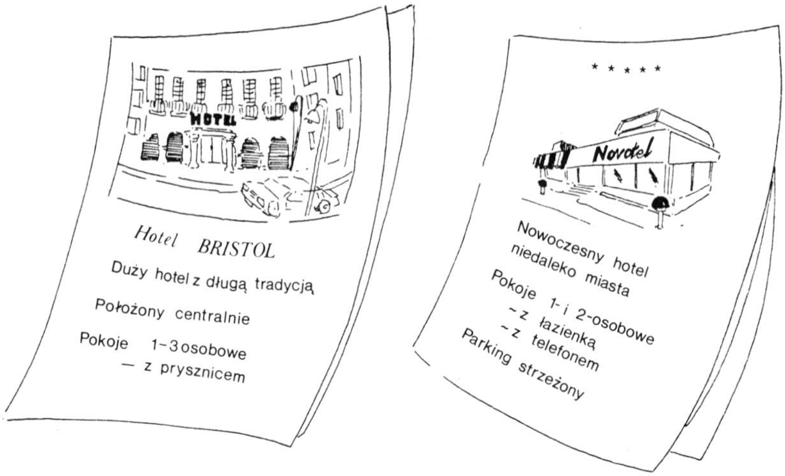

Welches Zimmer gefällt Ihnen besser? Warum?

114

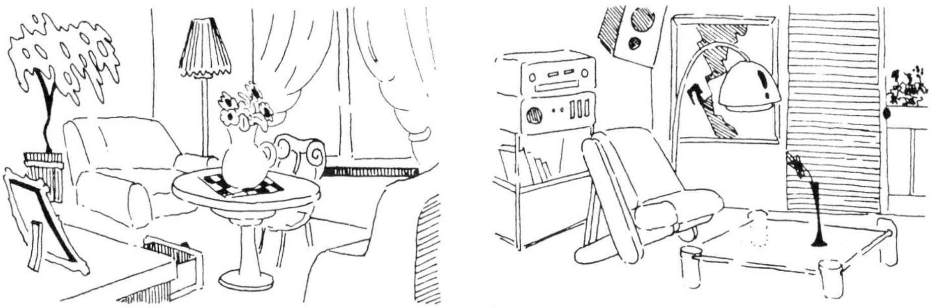

J

Formulieren Sie Fragen zu den unten stehenden Antworten.

115

- Tak, jestem bardzo zadowolona.

- --

- Najbardziej podoba mi się ten mały samochód.

- --

- Bardzo mi się podoba.

- --

- Mam Forda Eskort.

- --

- Wolę duży samochód, bo jest wygodniejszy.

Lekcja 6

116 *Ihre polnischen Bekannten möchten sich ein gebrauchtes Auto kaufen und haben Sie um Rat gebeten. Schreiben Sie Ihre Meinung zu den Angeboten.*

Giełda Samochodowa

'91 AUDI 80
174 mln zł, (1.8S), 59 tys. km, biały, lekko uszkodzony z boku, koszt naprawy 15 mln zł. Kępno, woj. kaliskie; tel. (0-647) 240-62.

'92 BMW 525
32 tys. DM, (TDS), 4 tys. km, czarny metalic, radio, automatic, szyberdach, wtrysk, ABS, serwo, reg. kier., c.zamek, al. felgi, el. lusterka, el. szyby. Sprzedam lub zamienię. Bolesław Ciupek; ul. Łokietka 7/3, Kędzierzyn-Koźle, woj. opolskie; tel. 371-77.

'83 OPEL REKORD
92 mln zł, (2.0), 150 tys. km, niebieski, combi, 5 bieg., c.zamek, hak hol., el. lusterka, el. reg. foteli. Kalisz, tel. (0-62) 770-02, 359-77.

'84 FIAT 126 p
28 mln zł, (0.65), 27 tys. km, seledynowy, I właściciel, nowe nadwozie, silnik po rem. Wałbrzych, tel. 264-25, od 18.00.

'91 FORD ESCORT
180 mln zł, (1.9), 61 tys. km, niebieski, combi, radio, 5 bieg., wtrysk, kat., serwo, klima, el. lusterka. Adam Wach; ul. Kilińskiego 44, Przecław, woj. rzeszowskie.

'90 FIAT UNO
139 mln zł, (1.5), 54 tys. km, niebieski, 5 bieg., wtrysk, kat., serwo, c.zamek, alarm. Maria Łopaczewska; ul. Trzebiatowska 30, Poznań, tel. 488-092.

'94 MAZDA 626
530 mln zł, (2.0,16V), 15 tys. km, ciemnozielony metalic, radio, 5 bieg., wtrysk, kat., serwo, reg. kier., c.zamek, typ CRONOS, dwie poduszki powietrzne. Marek Obszanski; Zielona Góra, tel. (0-68) 267-607.

'86 OPEL CORSA
95 mln zł, (1.2), 112 tys. km, biały, radio, przyciemnione szyby, wersja sportowa, pełna dokumentacja. Sprzedam lub zamienię. Jacek Zalewski; ul. Konopnickiej

'93 HONDA CIVIC
290 mln zł, (1.6i), 28 tys. km, czerwony, 5 bieg., szyberdach, wtrysk, kat., serwo, reg. kier., c.zamek, al. felgi, el. lusterka, el. szyby. Nowy Targ, woj. nowosądeckie; tel. (0-187) 659-10.

'90 MERCEDES 300 D
440 mln zł, 99.5 tys. km, zielony metalic, radio, automatic, szyberdach, ABS, serwo, c.zamek, hak hol., al. felgi, el. lusterka. Gorzów Wlkp., tel. (0-95) 324-034.

OKAZJA

'91 NISSAN SUNNY
215 mln zł, (1.4), 72 tys. km, czerwony, radio, 5 bieg., wtrysk, kat., benzyna bezołowiowa. Tadeusz Izdebski; ul. Lenartowicza 52, Sosnowice,

'94 POLONEZ
101 mln zł, (1.5GLE), 32 tys. km, zielony, radio, 5 bieg., reg. kier., hak hol. Jerzy Gromysz; ul. Kowalskiego 9, Biała Podlaska, tel. 438-664.

117 *Polen sprechen gern über Autos. Was können Sie von Ihrem Auto erzählen? Schreiben Sie es auf.*

Lekcja 6

Stefan Kamiński aus Gdańsk schreibt über den Kauf eines neuen Autos. Verstehen Sie den Brief?

118

Gdańsk, dn. 10. VI. 1985

Kochani,

Dziękujemy Wam bardzo za list. Cieszymy się, że Helga jest już zdrowa i może znowu pracować. A co słychać u Michaela? Czy zdał już egzaminy? Kiedy planujecie przyjechać znowu do Polski? Bardzo Was zapraszamy do nas do Gdańska.

U nas tutaj wszystko po staremu; praca, szkoła, dom... Tyle, że mamy nowy samochód. Ten stary Fiat jest sprzedany. Mamy teraz malucha. Nie jest co prawda taki wygodny jak duży Fiat; ma tylko dwoje drzwi i cztery siedzenia, ale za to jaki ekonomiczny! Zużywa o połowę mniej benzyny. Pojemność też jest mniejsza, więc i opłaty niższe. Poza tym jest nowy, więc nie trzeba płacić za naprawy. Nie jest on co prawda taki szybki jak tamten stary, ale my jeździmy głównie w mieście więc i tak można tylko maksymalnie 60 kilometrów na godzinę. A i zaparkować mniejszy problem. Jesteśmy więc zadowoleni z malucha. Jest po prostu praktyczniejszy.

Gdy przyjedziecie do nas możemy jeździć na wycieczki po okolicy. Napiszcie tylko kiedy, bo musimy w pracy wziąć urlop.

Kończę już dzisiaj. Czekamy na list od Was.

Serdeczne pozdrowienia
przesyłają
Maria i Stefan

Lekcja 7

nach dem Weg fragen	- Przepraszam, jak dojść / dojechać do centrum? - Jak trafić do dworca?
den Weg beschreiben	- Proszę iść / jechać prosto do drugiego skrzyżowania. - Proszę skręcić na lewo / na prawo. - Pani musi przejść / przejechać przez osiedle. - ... aż pani minie most.
Ortsangaben machen	- po lewej / po prawej / po drugiej stronie / przed parkiem / za rzeką / na światłach / koło ratusza / naprzeciw teatru

A

119

Wo befindet sich Margit? Markieren Sie die Stelle auf dem Stadtplan. Verfolgen Sie die Wegbeschreibung ihrer Freundin am Telefon und tragen Sie die Strecke auf dem Plan ein.

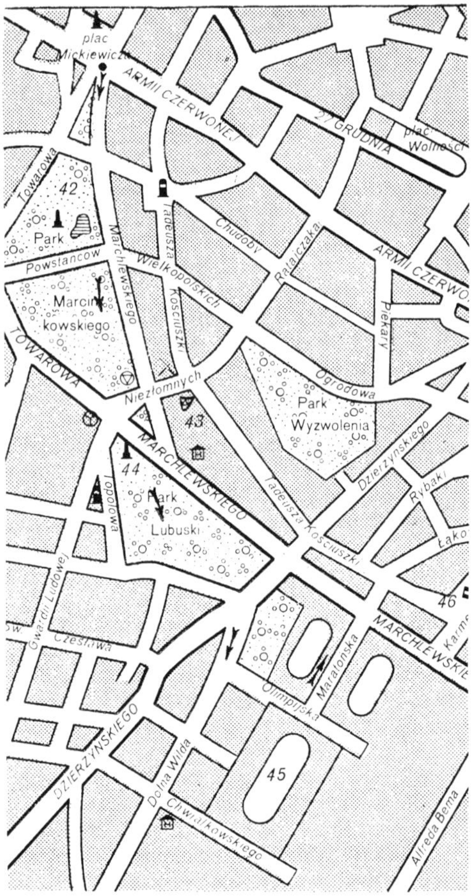

- Słuchaj, nie mogę do ciebie trafić. Dzwonię z budki telefonicznej na rogu Ogrodowej i Piekary.
- No więc musisz iść ulicą Ogrodową na lewo aż miniesz park i dojdziesz do skrzyżowania z ulicą Niezłomnych. Tam skręcisz na prawo i pójdziesz prosto do trzeciego skrzyżowania. Dalej skręcisz na prawo,przejdziesz przez plac na drugą stronę i poszukasz domu z numerem 17. Tam mieszkam.

B

120

Sie möchten zur Stadtverwaltung, um sich anzumelden. Man erklärt Ihnen den Weg. Haben Sie alle wichtigen Informationen behalten? In welcher Reihenfolge passieren Sie die Stellen A - F?

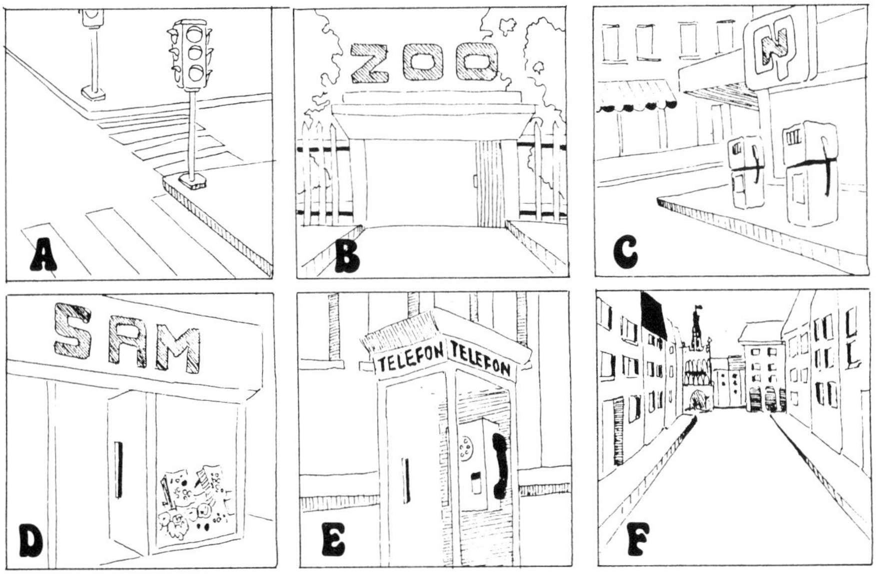

121

Beschreiben Sie Ihren Bekannten aus Polen, wie sie vom Bahnhof zu Ihnen nach Hause finden.

Lekcja 7

122 *Vergleichen Sie die Wegbeschreibungen mit der Zeichnung und füllen Sie die Lücken im Text aus.*

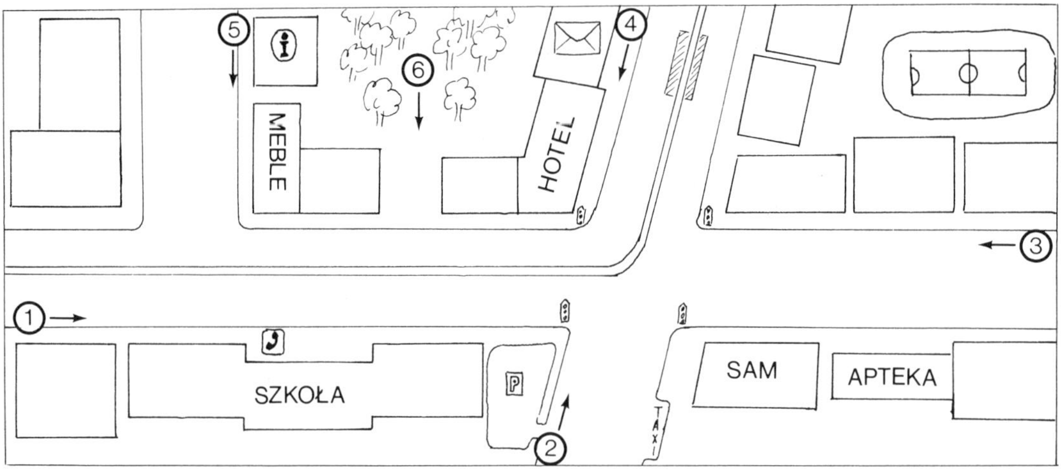

1. Proszę iść cały czas prosto aż pan minie skrzyżowanie. Apteka to drugi dom ..za.... skrzyżowaniem , zaraz .... Samem.

2. Proszę iść prosto, przejść .... skrzyżowanie i skręcić ...... drugiej stronie ..... lewo. Dalej musi pani iść ..... następnego skrzyżowania i skręcić tam ...... prawo. Informacja turystyczna jest 30 metrów dalej .... sklepem meblowym.

3. Proszę iść prosto ...... rogu ulicy i tu skręcić .... prawo. Przystanek tramwajowy trójki jest .... poczty.

4. .... skrzyżowaniu ...... światłami musi pan skręcić ...... prawo i iść dalej prosto ..... następnej ulicy ..... prawej stronie. Tam proszę przejść ...... drugą stronę ulicy. Stamtąd już widać budkę telefoniczną .... szkoły.

5. ...... postoju taksówek musi pani dojść ... rogu ulicy, tam skręcić ..... lewo i dojść .... następnego skrzyżowania. Tam proszę przejść .... prawą stronę ulicy i ...... rogiem, ... szkoły jest parking.

6. Proszę przejść .... park, minąć te bloki i dojść do ulicy. Tam musi pani iść .... lewo i .... rogiem jeszcze raz skręcić .... lewo. Drugi dom ..... hotelem to poczta.

Lekcja 7

Welche der beiden Fragen hat eine ähnliche Bedeutung wie die vorangestellte Frage? 123

Gdzie jest centrum ?
- ○ Jak trafić do centrum ?
- ○ Jak daleko jest do centrum ?

Czy dobrze idę do dworca ?
- ○ Czy dojdę tą ulicą do dworca ?
- ○ Czy na tej ulicy jest dworzec ?

Jak dojść do muzeum ?
- ○ Czy iść do muzeum ?
- ○ Jak mam iść do muzeum ?

Jak długo tam się idzie ?
- ○ Jak to daleko ?
- ○ Czy to daleko ?

Welcher der vier Sätze bildet die Antwort auf die vorangestellte Frage? 124

Czy może mi pani powiedzieć, jak dojść do ratusza ?
- ○ To niedaleko.
- ○ Proszę iść prosto do skrzyżowania i tam wrócić.
- ○ Proszę minąć park i tam skręcić na prawo.
- ○ Naprzeciw dworca.

Czy tą ulicą dojdę do Ogrodu Zoologicznego ?
- ○ Nie wiem, jak to daleko.
- ○ Proszę przejść na drugą stronę ulicy.
- ○ Trzeba iść na ulicę Grunwaldzką.
- ○ Chyba tak, ale proszę jeszcze kogoś zapytać.

Gdzie jest najbliższy postój taksówek ?
- ○ Proszę tu czekać, aż pan zobaczy taksówkę.
- ○ Zaraz za rogiem, przed dworcem.
- ○ Na światłach.
- ○ Pan musi zadzwonić do centrali.

Na którym skrzyżowaniu trzeba skręcić do dworca ?
- ○ 100 metrów dalej.
- ○ Naprzeciw kiosku "Ruchu".
- ○ Stamtąd widać już rzekę.
- ○ W budce telefonicznej za rogiem.

Ein kleines Rätsel. Wie heißt das Wort? 125

Co to może być za słowo?

Obok **R** stoi **K**, a obok **W** stoi **A**. Przed **I** jest **N**, a za jest **E**.
Ż stoi za **Y**, a przed **O**. Jest jeszcze **S** i **Z**. Gdzie one stoją?

Lekcja 7

nach der Verkehrsverbindung fragen	- Dojadę tym tramwajem do dworca? - Którym autobusem można dojechać na Kopernika? - Czym można dojechać na osiedle Chrobrego?
die Verkehrsverbindung erklären	- Musi pani jechać dwa przystanki trójką. - Proszę wysiąść na piątym przystanku.

D

126

Den gelben Schildern mit der Aufschrift ***OBJAZD*** *werden Sie in Polen oft folgen müssen. So werden die Umleitungen ausgeschildert.*

In diesem Spiel müssen Sie auch viel herumkurven, bis Sie das Ziel in der Stadt finden. Schreiben Sie die kleinen Dialoge auf der nächsten Seite.

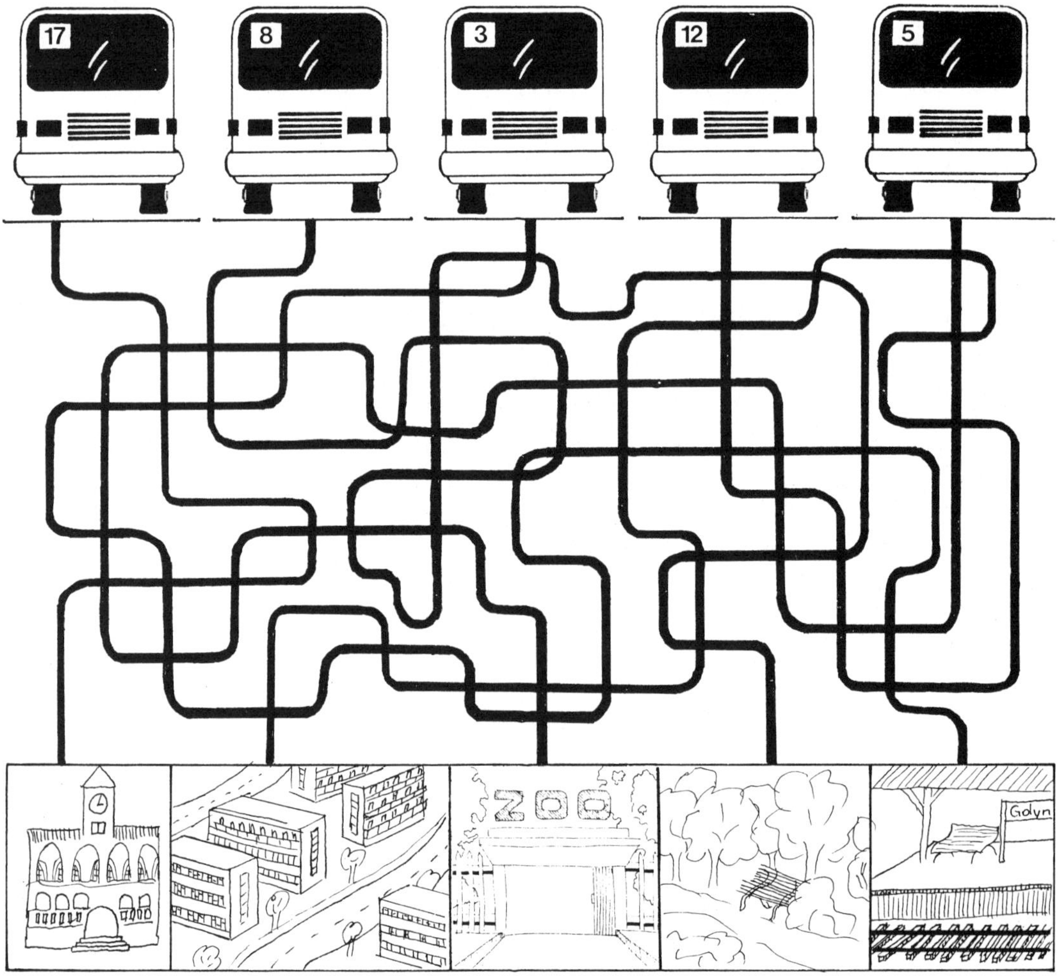

17 → Osiedle Jagiellońskie

- Czy dojadę siedemnastką na Osiedle Jagiellońskie?
- Nie, musi pani jechać ... ą.

5 → Ogród Botaniczny

3 → ratusz

12 → ZOO

8 → dworzec

nach dem Verkehrsmittel fragen	- Czym dojeżdżasz do pracy? - Czym jeździsz na urlop?
die Frage beantworten	- Dojeżdżam autobusem. - Jeżdżę samochodem. - Chodzę pieszo / na piechotę.
eine Begründung angeben	- bo szybciej i taniej i wygodniej

F

127

Welche Verkehrsmittel benutzen Sie in der Regel, wenn Sie zur Arbeit, zum Einkaufen oder in den Urlaub fahren?

Lekcja 8

nach einem Datum fragen	- Kiedy są urodziny Stefana? - Którego mamy dzisiaj?
ein Datum angeben	- dzisiaj / jutro - piątego kwietnia - dwudziestego pierwszego lutego
einen zeitlichen Abstand angeben	- za dwa dni / za trzy tygodnie / za miesiąc / za rok / za pięć lat
einen Zeitabschnitt nennen	- od szóstego marca do jedenastego kwietnia

A

128 *Ergänzen Sie die Lücken in dem Gespräch.*

- Nie wiesz, kiedy są .... Agaty ?
- Czekaj, chyba ....
- To znaczy ....
- Coo! Tak szybko !? .... dzisiaj ?
- O Boże ! Już .... Jak .... !

129 *Schauen Sie die polnischen Namenstage in dem Kalender an. Finden Sie heraus, wann die genannten Personen Namenstag haben und schreiben Sie das Datum in Worten.*

Lekcja 8

.... *Jana?* — ________________________________

.... *Doroty?* — ________________________________

.... *Ryszarda?* — ________________________________

.... *Leszka?* — ________________________________

.... *Danuty?* — ________________________________

.... *Ireny?* — ________________________________

.... _____? — ________________________________

STYCZEŃ

1	W	Nowy Rok, Mieczysława
2	Ś	Izydora, Makarego
3	C	Danuty, Genowefy
4	P	Eugeniusza, Tytusa
5	S	Edwarda, Szymona
6	N	Kacpra, Melchiora
7	P	Juliana, Lucjana
8	W	Mścisława, Seweryna
9	Ś	Marceliny, Marcjanny
10	C	Jana, Wilhelma
11	P	Honoraty, Matyldy
12	S	Arkadiusza, Benedykta
13	N	Bogumiły, Weroniki
14	P	Feliksa, Hilarego
15	W	Domosława, Pawła
16	Ś	Marcelego, Włodzimierza
17	C	Antoniego, Rościsława
18	P	Małgorzaty, Piotra
19	S	Henryka, Mariusza
20	N	Fabiana, Sebastiana
21	P	Agnieszki, Jarosława
22	W	Anastazego, Wincentego
23	Ś	Ildefonsa, Rajmunda
24	C	Felicji, Tymoteusza
25	P	Miłosza, Pawła
26	S	Pauli, Polikarpa
27	N	Jana, Przybysława
28	P	Radomira, Walerego
29	W	Franciszka, Zdzisława
30	Ś	Macieja, Martyny
31	C	Jana, Marceli

LUTY

1	P	Brygidy, Ignacego
2	S	Marii, Miłosława
3	N	Błażeja, Hipolita
4	P	Andrzeja, Weroniki
5	W	Adelajdy, Agaty
6	Ś	Bohdana, Doroty
7	C	Romualda, Ryszarda
8	P	Jana, Piotra
9	S	Apolonii, Cyryla
10	N	Jacka, Scholastyki
11	P	Lucjana, Marii
12	W	Eulalii, Modesta
13	Ś	Grzegorza, Katarzyny
14	C	Walentego, Zenona
15	P	Faustyna, Jowity
16	S	Danuty, Julianny
17	N	Łukasza, Zbigniewa
18	P	Konstancji, Symeona
19	W	Konrada, Mansweta
20	Ś	Leona, Ludmiły
21	C	Eleonory, Feliksa
22	P	Małgorzaty, Marty
23	S	Damiana, Romany
24	N	Bogusza, Macieja
25	P	Cezarego, Wiktora
26	W	Aleksandra, Mirosława
27	Ś	Anastazji, Gabriela
28	C	Makarego, Romana

MARZEC

1	P	Albina, Antoniny
2	S	Heleny, Radosława
3	N	Kunegundy, Tycjana
4	P	Kazimierza, Łucji
5	W	Adriana, Fryderyka
6	Ś	Róży, Wiktora
7	C	Pawła, Tomasza
8	P	Dzień Kobiet
9	S	Franciszki, Katarzyny
10	N	Cypriana, Marcelego
11	P	Konstantego, Ludosława
12	W	Bernarda, Grzegorza
13	Ś	Bożeny, Krystyny
14	C	Leona, Matyldy
15	P	Klemensa, Ludwiki
16	S	Hilarego, Izabeli
17	N	Patryka, Zbigniewa
18	P	Cyryla, Edwarda
19	W	Bogdana, Józefa
20	Ś	Eufemii, Klaudii
21	C	Benedykta, Lubomira
22	P	Bogusława, Katarzyny
23	S	Feliksa, Pelagii
24	N	Gabriela, Marka
25	P	Marii, Wieńczysława
26	W	Emanuela, Teodora
27	Ś	Ernesta, Lidii
28	C	Anieli, Sykstusa
29	P	Eustachego, Wiktoryna
30	S	Amelii, Jana
31	N	Balbiny, Kornelii

KWIECIEŃ

1	P	Grażyny, Teodory
2	W	Franciszka, Władysława
3	Ś	Pankracego, Ryszarda
4	C	Izydora, Wacława
5	P	Ireny, Wincentego
6	S	Celestyna, Wilhelma
7	N	Wielkanoc
8	P	Dionizego, Januarego
9	W	Dymitra, Marii
10	Ś	Makarego, Michała
11	C	Filipa, Leona
12	P	Juliusza, Lubosława
13	S	Hermenegildy, Przemysława
14	N	Justyny, Waleriana
15	P	Anastazji, Bazylego
16	W	Julii, Kseni
17	Ś	Roberta, Rudolfa
18	C	Apoloniusza, Bogusławy
19	P	Adolfa, Tymona
20	S	Agnieszki, Czesława
21	N	Anzelma, Feliksa
22	P	Leona, Łukasza
23	W	Jerzego, Wojciecha
24	Ś	Aleksandra, Grzegorza
25	C	Jarosława, Marka
26	P	Marceliny, Marzeny
27	S	Teofila, Zyty
28	N	Pawła, Walerii
29	P	Piotra, Roberta
30	W	Katarzyny, Mariana

MAJ

1	Ś	Święto Pracy
2	C	Anatola, Zygmunta
3	P	Antoniny, Marii
4	S	Floriana, Moniki
5	N	Ireny, Waldemara
6	P	Judyty, Jana
7	W	Ludmiły, Ludomira
8	Ś	Stanisława, Wiktora
9	C	Dzień Zwycięstwa
10	P	Antoniny, Izydora
11	S	Franciszka, Mamerta
12	N	Dominika, Pankracego
13	P	Roberta, Serwacego
14	W	Bonifacego, Dobiesława
15	Ś	Jana, Zofii
16	C	Andrzeja, Wieńczysława
17	P	Brunona, Weroniki
18	S	Aleksandry, Eryka
19	N	Mikołaja, Piotra
20	P	Bazylego, Bernardyna
21	W	Tymoteusza, Wiktora
22	Ś	Heleny, Wiesławy
23	C	Iwony, Michała
24	P	Joanny, Zuzanny
25	S	Grzegorza, Urbana
26	N	Zielone Świątki
27	P	Jana, Juliusza
28	W	Augustyna, Jaromira
29	Ś	Magdaleny, Teodozji
30	C	Feliksa, Ferdynanda
31	P	Anieli, Petroneli

CZERWIEC

1	S	Jakuba, Konrada
2	N	Erazma, Marianny
3	P	Klotyldy, Leszka
4	W	Franciszka, Karola
5	Ś	Bonifacego, Walerii
6	C	Boże Ciało
7	P	Roberta, Wiesława
8	S	Maksyma, Medarda
9	N	Felicjana, Pelagii
10	P	Bogumiła, Małgorzaty
11	W	Barnaby, Feliksa
12	Ś	Jana, Onufrego
13	C	Antoniego, Lucjana
14	P	Bazylego, Walerego
15	S	Jolanty, Wita
16	N	Aliny, Justyny
17	P	Adolfa, Laury
18	W	Elżbiety, Marka
19	Ś	Gerwazego, Protazego
20	C	Bogny, Florentyny
21	P	Alicji, Alojzego
22	S	Flawiusza, Paulina
23	N	Wandy, Zenona
24	P	Danuty, Jana
25	W	Łucji, Wilhelma
26	Ś	Jana, Pawła
27	C	Marii, Władysława
28	P	Ireneusza, Leona
29	S	Piotra i Pawła
30	N	Emilii, Lucyny

LIPIEC

1	P	Haliny, Mariana
2	W	Marii, Urbana
3	Ś	Anatola, Jacka
4	C	Innocentego, Teodora
5	P	Antoniego, Karoliny
6	S	Dominiki, Łucji
7	N	Cyryla, Metodego
8	P	Elżbiety, Prokopa
9	W	Weroniki, Zenona
10	Ś	Amelii, Filipa
11	C	Olgi, Pelagii
12	P	Gwalberta, Jana
13	S	Ernesta, Małgorzaty
14	N	Bonawentury, Marceliny
15	P	Henryka, Włodzimierza
16	W	Eustachego, Marii
17	Ś	Aleksego, Bogdana
18	C	Kamila, Szymona
19	P	Wincentego, Włodzimierza
20	S	Czesława, Hieronima
21	N	Andrzeja, Daniela
22	P	Święto Odrodzenia Polski
23	W	Apolinarego, Bogny
24	Ś	Kingi, Krystyny
25	C	Jakuba, Krzysztofa
26	P	Anny, Grażyny
27	S	Julii, Natalii
28	N	Innocentego, Wiktora
29	P	Marty, Olafa
30	W	Julity, Ludmiły
31	Ś	Ignacego, Lubomira

SIERPIEŃ

1	C	Justyna, Piotra
2	P	Gustawa, Kariny
3	S	Augusta, Lidii
4	N	Dominika, Protazego
5	P	Marii, Stanisławy
6	W	Jakuba, Sławy
7	Ś	Doroty, Kajetana
8	C	Cypriana, Emiliana
9	P	Romana, Romualda
10	S	Borysa, Wawrzyńca
11	N	Włodzimierza, Zuzanny
12	P	Klary, Lecha
13	W	Diany, Hipolita
14	Ś	Alfreda, Maksymiliana
15	C	Marii, Napoleona
16	P	Joachima, Rocha
17	S	Jacka, Mirona
18	N	Bronisława, Heleny
19	P	Bolesława, Juliana
20	W	Bernarda, Sobiesława
21	Ś	Franciszki, Joanny
22	C	Cezarego, Tymoteusza
23	P	Apolinarego, Filipa
24	S	Bartłomieja, Jerzego
25	N	Ludwika, Luizy
26	P	Marii, Zefiryny
27	W	Józefa, Kalasantego
28	Ś	Augustyna, Patrycji
29	C	Jana, Sabiny
30	P	Róży, Szczęsnego
31	S	Bohdana, Rajmunda

WRZESIEŃ

1	N	Bronisławy, Idziego
2	P	Juliana, Stefana
3	W	Izabeli, Szymona
4	Ś	Rozalii, Róży
5	C	Doroty, Wawrzyńca
6	P	Beaty, Eugeniusza
7	S	Melchiora, Reginy
8	N	Marii, Radosława
9	P	Piotra, Sergiusza
10	W	Łukasza, Mikołaja
11	Ś	Jacka, Prota
12	C	Gwidona, Marii
13	P	Eugenii, Filipa
14	S	Bernarda, Cypriana
15	N	Albina, Nikodema
16	P	Edyty, Kornela
17	W	Franciszka, Justyna
18	Ś	Ireny, Józefa
19	C	Januarego, Konstancji
20	P	Eustachego, Filipiny
21	S	Hipolita, Mateusza
22	N	Maurycego, Tomasza
23	P	Bogusława, Tekli
24	W	Gerarda, Teodora
25	Ś	Aurelii, Ładysława
26	C	Cypriana, Justyny
27	P	Damiana, Kosmy
28	S	Marka, Wacława
29	N	Michaliny, Michała
30	P	Hieronima, Zofii

PAŹDZIERNIK

1	W	Danuty, Remigiusza
2	Ś	Dionizego, Teofila
3	C	Gerarda, Teresy
4	P	Franciszka, Rozalii
5	S	Apolinarego, Placyda
6	N	Artura, Brunona
7	P	Marii, Marka
8	W	Brygidy, Pelagii
9	Ś	Dionizego, Ludwika
10	C	Franciszka, Pauliny
11	P	Aldony, Emila
12	S	Eustachego, Maksymiliana
13	N	Edwarda, Teofila
14	P	Bernarda, Kaliksta
15	W	Jadwigi, Teresy
16	Ś	Ambrożego, Gawła
17	C	Małgorzaty, Wiktora
18	P	Juliana, Łukasza
19	S	Piotra, Ziemowita
20	N	Ireny, Jana
21	P	Hilarego, Urszuli
22	W	Filipa, Korduli
23	Ś	Seweryna, Teodora
24	C	Marcina, Rafała
25	P	Darii, Kryspina
26	S	Ewarysta, Lucjana
27	N	Iwony, Sabiny
28	P	Szymona, Tadeusza
29	W	Euzebii, Narcyza
30	Ś	Przemysława, Zenobii
31	C	Augusta, Saturnina

LISTOPAD

1	P	Święto Zmarłych
2	S	Bohdana, Bożydara
3	N	Huberta, Sylwii
4	P	Karola, Olgierda
5	W	Elżbiety, Sławomira
6	Ś	Feliksa, Leonarda
7	C	Roczn. Rew. Październik.
8	P	Sewera, Wiktoryna
9	S	Teodora, Ursyna
10	N	Andrzeja, Ludomira
11	P	Bartłomieja, Marcina
12	W	Renaty, Witolda
13	Ś	Mikołaja, Stanisława
14	C	Serafina, Wawrzyńca
15	P	Alberta, Leopolda
16	S	Edmunda, Gertrudy
17	N	Grzegorza, Salomei
18	P	Anieli, Romana
19	W	Elżbiety, Seweryna
20	Ś	Anatola, Feliksa
21	C	Janusza, Konrada
22	P	Cecylii, Marka
23	S	Felicyty, Klemensa
24	N	Flory, Jana
25	P	Erazma, Katarzyny
26	W	Konrada, Sylwestra
27	Ś	Waleriana, Wirgiliusza
28	C	Grzegorza, Zdzisława
29	P	Błażeja, Saturnina
30	S	Andrzeja, Justyny

GRUDZIEŃ

1	N	Eligiusza, Natalii
2	P	Balbiny, Pauliny
3	W	Franciszka, Ksawerego
4	Ś	Barbary, Piotra
5	C	Krystyny, Sabiny
6	P	Emiliana, Mikołaja
7	S	Ambrożego, Marcina
8	N	Marii
9	P	Leokadii, Wiesława
10	W	Daniela, Julii
11	Ś	Damazego, Waldemara
12	C	Adelajdy, Aleksandra
13	P	Łucji, Otylii
14	S	Alfreda, Izydora
15	N	Celiny, Waleriana
16	P	Albiny, Zdzisława
17	W	Łazarza, Olimpii
18	Ś	Bogusława, Gracjana
19	C	Dariusza, Urbana
20	P	Dominika, Teofila
21	S	Jana, Tomasza
22	N	Honoraty, Zenona
23	P	Sławomiry, Wiktorii
24	W	Adama i Ewy
25	Ś	Boże Narodzenie
26	C	Dionizego, Szczepana
27	P	Jana, Maksyma
28	S	Cezarego, Teofili
29	N	Dominika, Tomasza
30	P	Eugeniusza, Seweryna
31	W	Melanii, Sylwestra

Lekcja 8

130 *Beantworten Sie die Fragen. Schreiben Sie alle Zahlen in Worten.*

1. Kiedy masz urodziny?

   _

2. Kiedy są twoje imieniny?

   _

3. Kiedy są urodziny twojej żony / twojego męża?

   _

4. Czy wiesz już, kiedy jedziesz na urlop?

   _

131 *Sie sind in diesem Haus. Von welchen Fenstern sehen Sie die Äste, die rechts abgebildet sind? Die Buchstaben dieser Fenster ergeben das Wort für eine Jahreszeit. Schreiben Sie auf, von wann bis wann sie dauert.*

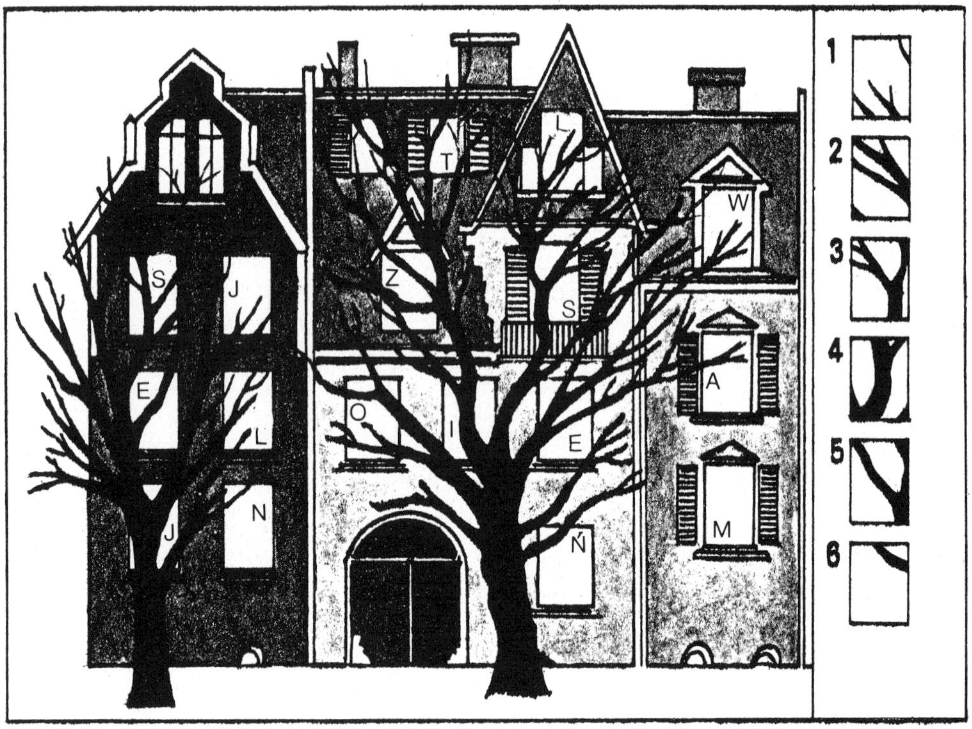

_ _

Ergänzen Sie die Glückwunschkarten, die für verschiedene Anlässe gedacht sind. Eine Karte ist leer. Füllen Sie sie aus.

B

132

Lekcja 8

ein Treffen vorschlagen	- Może pójdziemy jutro do kina? - Może spotkamy się w niedzielę?
den Vorschlag annehmen	- Chętnie, niezły pomysł. Czemu nie.
den Vorschlag ablehnen	- Niestety, nie mogę. Muszę ... - Nie mam czasu. Idę ...

D

133 *Janusz hat einige Freunde zum Geburtstag eingeladen. Nun spricht er mit Ula darüber. Ordnen Sie die Aussagen und schreiben Sie das Gespräch auf.*

A wieczorem, po treningu?

W piątek mam po południu trening.

A dlaczego pytasz?

Masz czas siódmego marca po południu?

Szkoda, że po południu nie mogę.

Piątek.

Siódmego marca?

A jaki to dzień?

Chętnie wpadnę na chwilę.

Mam urodziny i chcę zaprosić kilka osób na kawę i ciastka.

Lekcja 8

Tomek schlägt Ula vor, ins Kino zu gehen. In dieser Woche ist es aber nicht mehr möglich, denn sie hat schon viel vor. Notieren Sie ihre Termine in Stichworten.

E

134

Legen Sie die Urlaubstermine fest und schreiben Sie die verschiedenen Zeitangaben auf.

135

- Kiedy jedziecie na urlop ?
- ....
- To znaczy ....
- Nie całkiem. .... A ty ?
- Ja muszę jeszcze prawie .... pracować.
- To kiedy jedziesz ?
- ....

Lekcja 8

136

Die Eheleute Krüger müssen ihre Reise nach Polen verschieben. Frau Krüger ruft in Polen an, um ihre Bekannten zu benachrichtigen. Hören Sie auf der Cassette, um welche Termine es sich handelt.

- Słuchaj, nie możemy przyjechać w tę ....
- Coo ?! Dlaczego nie ?
- Horst ma problemy w pracy i musi w .... i .... jeszcze pracować.
- Szkoda. To znaczy, że przyjedziecie dopiero w .... ?
- Nie, nie damy rady. Planujemy na ....
- Trudno. Czekamy więc na was w .... wieczorem.

137

Man muß sich manchmal große Mühe geben, um ein Telegramm aus dem Ausland zu entziffern. Versuchen Sie, die Informationen trotz des "Buchstabensalats" herauszulesen. Schreiben Sie den richtigen Text auf.

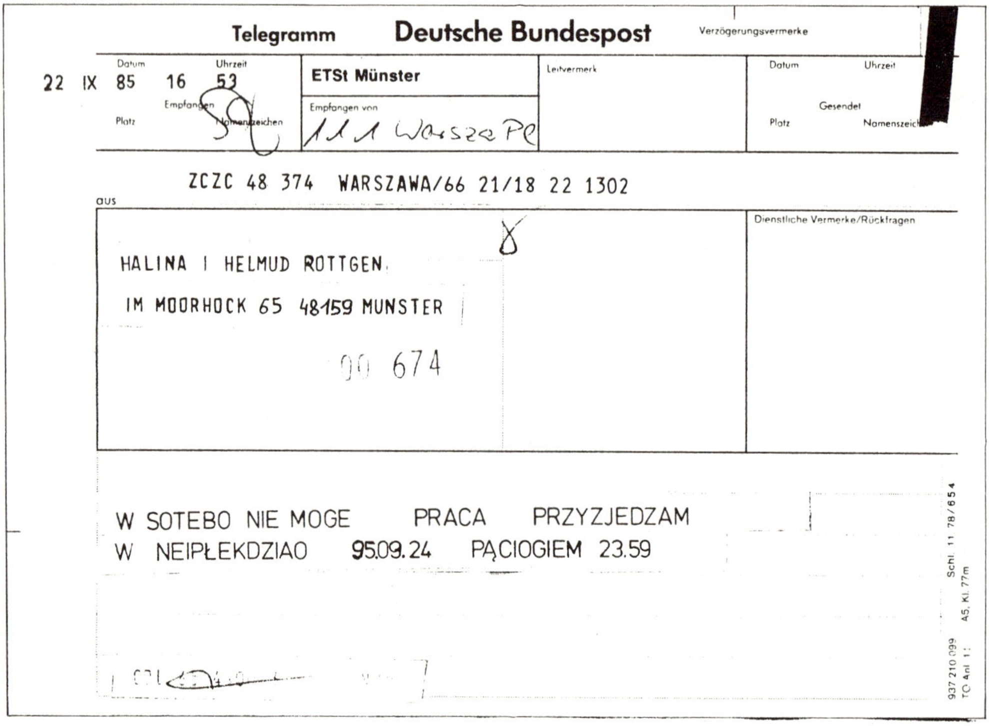

Telegramm Deutsche Bundespost Verzögerungsvermerke

Datum Uhrzeit
22 IX 85 16 53
Empfangen Platz Namenszeichen

ETSt Münster

Empfangen von
Warsza PL

Leitvermerk

Datum Uhrzeit Gesendet Platz Namenszeich

ZCZC 48 374 WARSZAWA/66 21/18 22 1302

aus

Dienstliche Vermerke/Rückfragen

HALINA I HELMUD ROTTGEN

IM MOORHOCK 65 48159 MUNSTER

00 674

W SOTEBO NIE MOGE PRACA PRZYJZJEDZAM

W NEIPŁEKDZIAO 95.09.24 PĄCIOGIEM 23.59

937 210 099 TO Anl 11 A5, Kl. 77m Schl. 11 78/654

Lekcja 8

Die Handelszentrale in Gdańsk informiert über die ministerielle Ladenöffnungregelung für Geschäfte mit industriellen Erzeugnissen (Drogerien, Elektro-, Foto-, Autoartikel u.ä.).
Suchen Sie nach nützlichen Informationen.

138

Handel w soboty

Wojewódzkie Przedsiębiorstwo Handlu Wewnętrznego w Gdańsku informuje, iż zgodnie z zarządzeniem nr 7 z dnia 3. 05. br. ministra handlu wewnętrznego i usług sobota 8. 06. 1985 dla sieci przemysłowej jest dniem wolnym od pracy. Sklepy z artykułami przemysłowymi pracować będą w każdą pierwszą i ostatnią sobotę miesiąca. Najbliższa sobota robocza 29. 06. br. w godz. 11—19.

Seit wann gilt diese Vereinbarung in Gdańsk ?

Welche Samstage werden als Arbeitstage festgelegt ?

Zu welchen Uhrzeiten bleiben diese Geschäfte geöffnet ?

J

139

Schreiben Sie einen Brief an Ihre Bekannten in Polen und machen Sie einen Programmvorschlag für deren Besuch bei Ihnen.

Lekcja 9

nach der Uhrzeit fragen	- Która jest godzina?
die Uhrzeit angeben	- Jest godzina szósta pięć. - Zbliża się godzina dwudziesta druga.
nach den Anfangszeiten fragen	- O której jest film?
die Auskunft geben	- O dwudziestej piętnaście.

A

140 *Schreiben Sie in Worten, wie spät es ist.*

Jest druga dwadzieścia dwie.

Lekcja 9

die Zeitdauer angeben	- Kasa czynna jest od ósmej do piętnastej. - Bar czynny jest całą dobę.

B

141

Auf der Cassette erhalten Sie telefonisch die Auskunft, wann was geöffnet ist.

POCZTA GŁÓWNA
czynna
od ______ do ______
od ______ do ______
w niedziele nieczynna

APTEKA
czynna
od ______ do ______
w 1.niedzielę miesiąca całą dobę.

INFORMACJA KOLEJOWA
czynna jest codziennie
od ______ do ______

KASA
TEATRALNA
czynna
OD ______ DO ______
OD ______ DO ______

SKLEP SPOŻYWCZY
czynny
w dni powszednie
OD ______ DO ______
w niedziele i święta
OD ______ DO ______

RESTAURACJA
»staropolska«
otwarta codziennie
od ______ do ______

kawiarnia
UŚMIECH
zaprasza
CODZIENNIE
od ______ *do* ______

Lekcja 9

142

Notieren Sie in Stichworten die telefonischen Auskünfte über das Theaterangebot in Poznań.

um Auskunft bitten	- O której godzinie odjeżdża pociąg do Katowic? - Jakie jest najbliższe połączenie do Zakopanego? - Czy to bezpośrednie połączenie? - Kiedy jest na miejscu?
eine Auskunft erteilen	- O siedemnastej pięć. - O dwunastej osiem z przesiadką we Wrocławiu. - O czternastej zero zero na miejscu.

D

143

In diesem Kasten stehen die Aussagen zweier Gespräche am Auskunftsschalter. Können Sie sie auseinanderhalten?

Jakie jest najbliższe połączenie do Kalisza? Nie, osobowy.

I o której jestem na miejscu? Nie, z przesiadką w Poznaniu.

Dziękuję. O której godzinie odjeżdża pociąg do Bydgoszczy?

A kiedy jest na miejscu? A ile trzeba czekać w Poznaniu?

O dziewiętnastej pięćdziesiąt jeden. O trzynastej trzydzieści trzy.

Czy to pośpieszny? O trzeciej osiemnaście. Piętnaście minut.

Dziękuję. Czy to bezpośrednie połączenie? O dziesiątej piętnaście.

______________________	______________________
______________________	______________________
______________________	______________________
______________________	______________________
______________________	______________________
______________________	______________________
______________________	______________________
______________________	______________________
______________________	______________________
______________________	______________________
______________________	______________________
______________________	______________________

Lekcja 9

144

Verstehen Sie die Auskunft über die Eisenbahnverbindungen? Tragen Sie die Uhrzeiten ein.

- O której godzinie odjeżdża pociąg do Olsztyna?
- Chwileczkę, zobaczę w planie.
  Może pan jechać o ....
- Czy to bezpośrednie połączenie?
- Tak.
- A o której on przyjeżdża do Olsztyna?
- Na miejscu jest o ....

- Przepraszam, kiedy jest najbliższe połączenie do Elbląga?
- O .... z przesiadką w Malborku.
- A kiedy jest na miejscu?
- ....
- Dziękuję pani.

E

145

Besorgen Sie sich eine Fahrkarte und eine Platzkarte für den D-Zug von Łódź nach Szczecin am 16. Juli.

_ _

Lekcja 9

Dieser Herr hat Probleme mit der Rückreise von Polen in die Bundesrepublik. Warum? Numerieren Sie die Aussagen in der richtigen Reihenfolge.

146

1. Dzień dobry. Czy można u pani kupić miejscówki na pociąg do RFN-u?
A co? Nie ma już?
Dokąd pan jedzie?
Mam. Brak mi tylko miejscówki.
Pan chce dzisiaj kupić miejscówkę na pojutrze?!
Na jedenastego sierpnia!
Na pojutrze, na 31 lipca. Na ten pociąg o 11.59.
2. Tak. A bilet pan już ma?
Ale ja muszę być pierwszego w Osnabrück w pracy.
Oczywiście, że nie. Mam jeszcze kilka miejscówek w pierwszej klasie na jedenastego sierpnia.
Co ja mam robić?!
Na kiedy ma być miejscówka?
Do Osnabrück.
Trudno, muszę. A niech to diabli!
Ma pan szczęście. Są jeszcze dwa miejsca wolne. Weźmie pan?
Zobaczymy, może jest jeszcze coś wolnego w wagonie sypialnym.

Lekcja 9

147 *Welche Fragen passen am besten zu den dargestellten Situationen?*

Czy może mi pan powiedzieć, o której mam połączenie do Zakopanego ?

Czy to pociąg do Opola ?

Przepraszam, o której godzinie odjeżdża ten pociąg ?

Czy to jest połączenie bezpośrednie do Krynicy ?

Która to może być ?

Nie wie pan, o której jesteśmy w Łodzi ?

Lekcja 9

H

Von welchem Bahnsteig werden diese drei Fernbusse abfahren? Schreiben Sie es auf die Schilder. 148

Was sagen Sie in dieser Situation? 149

Welche Fragen wurden dem Reisenden nach Rom gestellt? 150

Do widzenia. Jutro wyjeżdżam. ....? - Do Rzymu.
Jadę tam na tydzień. ...*Sam jedziesz?*.......? Nie, ze starszym bratem.
Jedziemy w wagonie sypialnym. ....? Nie, brat płaci.
Za hotel zresztą też. .... ? On wcale nie płaci za mój urlop. Ja tam muszę dla niego pracować.

Lekcja 9

nach der Uhrzeit fragen	- Która godzina ? - Którą masz godzinę ? - Którą pan ma ?
die Uhrzeit angeben	- Jest dokładnie za trzy minuty druga. - Jest pięć po piątej. - Jest wpół do szóstej.

I

151 *Schreiben Sie kleine Dialoge mit Uhrzeitangaben.*

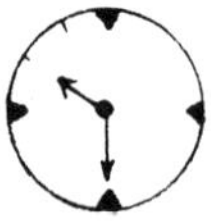

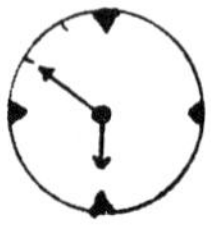

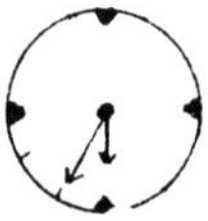

Lekcja 9

J 152

Auch in diesen Dialogen geht es um Zeitangaben. Ergänzen Sie die Lücken.

____________ to godzina ? Ooo, mój ____________ stoi.
Którą ________ godzinę ?
Jest za pięć __________ ósmej.
Co ?! _______ tak późno ? Jak ten czas leci !
Śpieszysz się gdzieś ?
Nie, ja tylko tak...

Może mi pani _____________ , która jest _________________ ?
Zaraz... jest _____________ siedem po.
Siedem ____ której...?
Po dziesiątej, oczywiście.
Ojej ! __________ już lecieć. ________ dziesięć minut mam ostatni autobus.

L 153

Hier wird ein Tag aus dem Leben von Zbyszek geschildert. Ergänzen Sie, ausgehend von den gegebenen Informationen, die fehlenden Uhrzeiten.

Zbyszek wstaje codziennie o _________. Dwadzieścia minut myje się, goli i ubiera. Śniadanie robi żona. Szybko jedzą w kuchni i pół godziny później wychodzą razem z domu na przystanek tramwajowy. Dojazd do pracy Zbyszka trwa czterdzieści minut. W pracy jest punktualnie o _______________. Pracuje dwie i pół godziny, a potem ma piętnaście minut przerwy na drugie śniadanie. Przerwa kończy się ____ _____________ i Zbyszek wraca do biurka. Pracuje jeszcze pięć godzin i piętnaście minut i o _________________ wychodzi z pracy. Do domu wraca dwie godziny później, bo musi jeszcze zrobić zakupy w sklepach. W domu żona czeka już z obiadem. Jedzą obiad i rozmawiają o tym, co nowego w pracy. Obiad trwa godzinę. Potem przychodzi kolega na kawę i oglądają razem dwugodzinną transmisję z olimpiady. O wpół do ósmej jedzą kolację i czekają na film po dzienniku. Film zaczyna się dwadzieścia po ósmej i trwa dwie godziny. Po filmie kolega idzie do domu, a Zbyszek z żoną rozmawiają jeszcze pół godziny i ___________ idą spać.

Lekcja 10

eine Absage begründen	- Nie mogę. Od ósmej rano mam lekcje. - Po południu muszę iść do lekarza.

B

154

Schreiben Sie kleine Dialoge und begründen Sie, warum Sie den Vorschlägen nicht folgen können. Die Bilder zeigen, was Sie morgen vorhaben.

— Masz jutro przed południem czas?
Może pójdziemy razem na zakupy?
— Nie mogę. Jutro pracuję do godziny
czternastej.

Diese "Fotos" von Herrn Berger entstanden an verschiedenen Tagen und sind deswegen zeitlich nicht geordnet. Lesen Sie den Brief von Herrn Berger an seine Bekannten in Polen und numerieren Sie die Bilder.

jem - powiedzieć- wstaję - jestem - idę - pracuję - wychodzę - jem - wracam - jestem - mają - robię

Münster, dn. 1.3.86

Drodzy przyjaciele!

Pytacie jak żyję ; mam napisać co __ ______ na codzień. Moje życie jest bardzo monotonne. _______ codziennie o wpół do siódmej rano. ___ małe śniadanie i __________ do pracy. Jak wiecie, _______ w laboratorium. _______ tam do 17-ej z przerwą od 13-14-ej. Obiady ___ zawsze w tej samej restauracji niedaleko mojej pracy, bo ______ tam niedrogie i smaczne dania. Po pracy __________ do domu lub ______ do znajomych, gdzie często spędzam miłe wieczory. Można chyba __________, że _____ rzadkim gościem w moim domu.

Lekcja 10

D

156

In dieser Lektion wurden zum ersten Mal die vollendeten und unvollendeten Tätigkeiten angesprochen. Im Grammatikkommentar gibt es dazu ausführliche Erläuterungen. Setzen Sie das theoretische Wissen in die Praxis um. Bei jedem Satzpaar müssen Sie entscheiden, ob es sich um eine gerade andauernde bzw. wiederkehrende Tätigkeit handelt, dann gehört das unvollendete Tätigkeitswort (Verb) - das erstgenannte - in die Lücke. Oder bezieht sich der Satz auf die Zukunft ?

1. rozumiesz / zrozumiesz
Kiedy ty nareszcie ______________, że ja nie mam na to pieniędzy ?!
Chwileczkę, nie ______________, co mam na myśli ?!

2. mówię / powiem
Przecież ________, że nie mam teraz czasu !
______________ ci pojutrze, czy mogę pojechać na tę wycieczkę z wami.

3. dostajemy / dostaniemy
Nie jestem pewna, czy ____________ jeszcze po południu świeże mleko.
Ostatnio regularnie ______________ listy z Polski.

4. uczę się / nauczę się
O Boże, ja ____ tego chyba nigdy nie ___________ !
____________ polskiego już drugi rok.

5. piszesz / napiszesz
Ciągle jeszcze _______________ ?! Wiesz, że zaraz musimy wyjść.
Może _____________ kartkę z życzeniami imieninowymi do Ireny ?

6. zapraszamy / zaprosimy
Może __________ ją do nas na święta ? Jak myślisz ?
Serdecznie ____________ państwa do nas na lato.

7. podaję / podam
Na deser _____________ zwykle lody z bitą śmietaną.
Ale dzisiaj ___________ sałatkę owocową z pomarańczy, bananów i jabłek.

8. jecie / zjecie
_____________ zawsze na śniadanie jajko na miękko i chleb z dżemem ?!
Może ____________ trochę sałatki jarzynowej ? Mam właśnie świeżą.

9. robisz / zrobisz
____________ czasami zakupy na rynku ? Może pójdziemy jutro razem ?
Co __________, jak nie dostaniesz świeżego chleba ? W domu nie ma już ani kromki.

10. kupujecie / kupicie
No to najpierw ___________ gazetę, a potem zadzwonicie do nas. Dobra ?
Dlaczego ciągle _______________ tylko jasny chleb ?

11. idziesz / pójdziesz
_____________ ze mną po południu do miasta ?
A, cześć Iwona ! Dokąd __________ ?

12. przychodzą / przyjdą
Musimy się pośpieszyć. Zaraz __________ goście.
Raz na tydzień ________________ do nas koledzy z pracy.

13. dzwonię / zadzwonię
________________ do niego jeszcze raz, żeby zapytać, czy przyjdzie.
Często __________ do Polski, bo listy strasznie długo idą.

14. wracacie / wrócicie
Dlaczego ______________ tak późno? Jest już po ósmej.
____________ dziś punktualnie na obiad?

15. cieszy się / ucieszy się
Czy pani się ________, że jutro zaczynają się wakacje?
Na pewno _____ pan __________, jak go jutro zobaczy.

157

Im Deutschen achten Sie bei der Formulierung von Aussagen nicht darauf, ob ein einmaliges oder ein mehrmaliges Handeln gemeint ist. Diese Information ergibt sich aus dem Zusammenhang.
Versuchen Sie bei den polnischen Sätzen die Situation zu ergründen. Handelt es sich um eine noch andauernde Tätigkeit (oder einen Zustand), dann unterstreichen Sie das Tätigkeitswort (Verb) mit einer unterbrochenen Linie. Geht es aber um sich wiederholende Handlungen, dann unterstreichen Sie das Tätigkeitswort doppelt.
Die vollendeten Tätigkeiten bleiben hier unberücksichtigt.

1. Przepraszam bardzo, że przeszkadzam.
2. To znaczy, że oni nie przyjadą do nas w tym roku? Szkoda.
3. Rodzina odwiedza nas bardzo często.
4. Znowu przesadzasz. Ty zawsze narzekasz na dzieci.
5. (Na poczcie:) Numer nie odpowiada. Czeka pan dalej?
6. Rozmowy do Polski zamawiam przed południem.
7. Kurs kończy się zwykle już o wpół do dziewiątej.
8. Piszę ten list już od godziny.
9. Dziękujemy wam za kartkę świąteczną i pozdrowienia z urlopu.
10. Dlaczego nie jeździcie na wycieczki w soboty i niedziele?
11. To zdjęcie przypomina mi mojego kolegę ze szkoły podstawowej.
12. Nie rozumiem, dlaczego mówisz, że moje plany nie mają sensu?
13. Nie jadam pomidorów ani truskawek, bo mi szkodzą.
14. Proszę nas kiedyś odwiedzić. Cieszymy się z każdego gościa.
15. Kończy ci się urlop? Współczuję. Ja mam jeszcze dwa tygodnie czasu.
16. Pamiętasz, że kurs zaczyna się teraz pół godziny wcześniej?
17. Ciągle czekam na list z Polski. Może dziś nareszcie przyjdzie?
18. Teraz palę już tylko trzy papierosy na dzień. Bardzo się z tego cieszę.
19. Moje hobby? Już drugi rok uczę się języka polskiego.
20. Chodzimy na kurs raz w tygodniu.

Lekcja 10

E

158

Bis jetzt haben Sie vorwiegend das Sprechen in Dialogen geübt. Nun sollen Sie von bestimmten Ereignissen und Vorfällen erzählen. Dazu brauchen Sie viele Tätigkeitswörter (Verben). Hier sind diejenigen aufgelistet, die Sie bisher kennengelernt haben. Es wäre sinnvoll, sie sich in Erinnerung zu rufen.

nazywać się
przepraszać
zrozumieć *
być
mówić
powtórzyć *
znaczyć
wiedzieć
dziękować
pozwolić *
zapytać *
pracować
mieszkać
chcieć
zostać *
mieć
chodzić
studiować
rozumieć
lecieć
narzekać
kosztować
poprosić *
płacić
dostać *
mylić się
zamówić *
czekać
odpowiadać
pytać
kończyć
zadzwonić *
uczyć się
jeździć
przychodzić
nauczyć się *
pojechać *
nawiązać *
pochodzić
odnowić *
przypomnieć *
czytać
pisać
móc
korespondować

potrzebować
dziwić się
pozdrawiać
stać
jeść
zapraszać
przesyłać
obejrzeć *
podobać się
spać
otworzyć *
zamknąć *
zgasić *
włączyć *
zapalić *
umyć się *
przejść *
wystarczyć *
jechać
podać *
stawiać
przynieść *
podawać
zamówić *
woleć
wybrać *
polecać
smakować
przesadzać
pić
musieć
skreślić *
zapomnieć *
wpaść *
wypić *
spróbować *
zjeść *
napić się *
lubić
dać
przepadać
zrobić *
prosić
pokroić *
podsmażyć *

dodać *
gotować
mieszać
przypalać się
brakować
wstawać
sądzić
dbać
najeść się *
przeszkadzać
przyglądać się
marzyć
leżeć
widzieć
zobaczyć *
wydawać się
przymierzyć *
żartować
musieć
przytyć *
schudnąć *
kupić *
współczuć
znać
spotkać się *
trwać
myśleć
porównać *
gadać
kończyć
dojść *
iść
skręcić *
powiedzieć *
minąć *
pójść *
dojechać *
trafić *
przejechać *
zaczynać się
wrócić *
zgadzać się
wysiąść *
dojeżdżać

stawać
spóźniać się
życzyć
żyć
obchodzić *
wyjeżdżać
umówić się *
odebrać *
korzystać
kąpać się
lepić się
przychodzić *
wykąpać się *
zaprosić *
ucieszyć się *
postarać się *
dzwonić
grać
pokazać *
zwiedzać
wracać
poszukać *
zastanowić się *
odwiedzić *
cieszyć się
odpocząć *
podpisać *
przejść się *
starczyć *
zostawić *
wykorzystać *
zbliżać się
odjeżdżać
słuchać
dawać
upaść *
ruszać
wskakiwać
zostawać
śmiać się
odprowadzić *
pośpieszyć się *
pozdrowić *
wyjść *
przyjść *

denerwować się
zaspać *
śpieszyć się
myć się
golić się
ubierać się
wychodzić
stanąć *
uczyć
załatwić *
dyskutować
zdążyć *
posprzątać *
przygotować *
pomagać
spędzić *
posiedzieć *
obudzić *
odwozić *
odbierać
zmywać
sprzątać
prać
oglądać
napisać *
zajmować
wnieść *
ułożyć *
odwieźć *
wpadać
skarżyć się
harować
prowadzić
zarabiać
zlikwidować *
załatwić *
malować
przypominać
palić
słynąć
wygrawać
otrzymywać
pospać *

*Die Tätigkeitswörter mit * sind alle vollendet.*

Lekcja 10

Gehen Sie die Liste durch und stellen Sie Gruppen zusammen.

1. Welche Wörter gehören zum Thema 'sehen' ?

2. Welche Wörter drehen sich um das Thema 'sich bewegen, reisen' ?

3. Welche Wörter verbinden Sie mit 'studieren, lernen' ?

4. Welche Wörter gehören zu 'arbeiten, tun' ?

5. Welche Wörter teilen etwas über Gefühle mit ?

6. Welche Wörter drücken die Bedeutung 'sprechen' aus ?

7. Welche Wörter handeln vom Essen ?

Lekcja 10

159 Ordnen Sie die Ereignisse nach der zeitlichen Reihenfolge.

zjeść śniadanie
ubrać się
wstać
umyć się
obudzić się

---

zamówić
poprosić o kartę
płacić
jeść
polecać zrazy
smakować
kosztować
czekać
podać

---

zapytać o numer
wyjść ze sklepu
oglądać buty
zapłacić
przymierzać
wejść do sklepu

160 Bilden Sie selbst solche Ketten.

161 Suchen Sie nach dem Gegenteil.

stać ⟷ ....
wyjeżdżać ⟷ ....
wziąć ⟷ ....
pracować ⟷ ....
sprzedawać ⟷ ....
jeść ⟷ ....
musieć ⟷ ....
odpowiadać ⟷ ....

Lekcja 10

Was paßt hier nicht ? Streichen Sie es durch. 162

pisać - czytać - rozmawiać
robić - spać - pracować
spać - odpocząć - pracować
ubierać się - myć się - prać
jeść - gotować - pić
gotować - przygotowywać - jeść
mówić - rozmawiać - zadzwonić
mieszkać - dziękować - przepraszać
wiedzieć - uczyć się - studiować
kupować - płacić - przymierzać
chodzić - stać - spacerować
stać - leżeć - chodzić
czytać - wiedzieć - rozumieć
podać - polecać - dziękować
polecać - kosztować - płacić
rozumieć - wiedzieć - pytać
wiedzieć - rozmawiać - rozumieć
polecać - zamówić - poprosić
czekać - iść - stać
spać - być - żyć
obchodzić - życzyć - gratulować

zaprosić - zwiedzać - umówić się
zwiedzać - jechać - oglądać
pisać - mówić - powiedzieć
woleć - wybrać - zamówić
przymierzyć - ubrać - spróbować
być - trwać - zaczynać się
jeść - smakować - gotować
iść - jechać - chodzić
przepraszać -dziękować - wiedzieć
pracować - odpoczywać - gotować
spotkać - zadzwonić - zobaczyć
prosić - dziękować - pytać

....

....

....

....

Sagen Sie es mit anderen Worten. 163

robić zdjęcia → ....

kupować→...............................

telefonować → ....

zamówić → ....

zwiedzać → ....

robić porządek → ....

spacerować →.....................................

spróbować → ....

Lesen Sie den Text über Familie Stolarski und füllen Sie die Lücken aus. 164

JUŻ czy **DOPIERO**? A może **JESZCZE**?

Pani Stolarska wstaje codziennie .... o wpół do piątej rano. O tej godzinie dzieci .... śpią. Najpierw mama budzi Olka o szóstej. A Bożenka wstaje .... za dziesięć siódma.

- Olek ! Musisz .... wstawać ! Zaraz szósta.
- Coo ! .... szósta !? Nieprawda ! Jest .... za dziesięć. Mogę .... kilka minut pospać.

Lekcja 10

165 *Schreiben Sie einen Brief über Ihren Alltag.*

nach Interessen fragen	- Czym się interesujesz ? - Interesujesz się muzyką ? - Lubisz wędrować po górach ?
seine Interessen beschreiben	- Interesuję się filmem / polityką / ... - Uprawiam sport. - Chętnie / Dużo czytam / podróżuję / fotografuję. - Lubię zajmować się ogrodem.

B

166

Wofür interessieren Sie sich ? Beantworten Sie folgende Fragen.

1. Interesujesz się polityką ?

_ _

_ _

2. Co sądzisz o malarstwie ?

_ _

_ _

3. Zbierasz znaczki, monety lub coś innego ?

_ _

_ _

4. Lubisz tańczyć ?

_ _

_ _

5. Lubisz zajmować się domem ?

_ _

_ _

6. Często chodzisz do kina ?

_ _

_ _

7. Uprawiasz jakiś sport ?

_ _

_ _

Lekcja 11

167

Ihnen werden Leute aus Polen vorgestellt. Hören Sie genau hin, wofür sie sich interessieren und schreiben Sie es auf.

- Pozwólcie, że Wam przedstawię Piotra. Jest studentem prawa administracyjnego i interesuje się ....

- A to jest pani Michalska. Znamy się z pracy. Ona jest urzędniczką w administracji osiedlowej. W czasie wolnym od pracy zajmuje się .... na naszym osiedlu.

- Jej mąż, pan Michalski jest listonoszem, a jego hobby to .... Całe popołudnia ....

- A to mój młodszy brat. Chodzi teraz do ostatniej klasy liceum. On pasjonuje się .... w klubie szkolnym.

- No a ja ? Czym ja się interesuję ? .... i innymi rzeczami. Trudno zliczyć.

168

Beantworten Sie diese Fragen mit der richtigen Begründung.

Umiesz prowadzić samochód ?

Umiem, ale teraz nie mogę, bo ....

Umiesz gotować bigos ?

....

Umiesz robić na drutach ?

....

Umiesz pisać na maszynie ?

....

nie mam kapusty w domu
mam teraz za długie paznokcie
piłem alkohol
nie mam ze sobą okularów

Lekcja 11

Welche Beschäftigungen passen nicht zu der jeweiligen Gruppe ? Streichen Sie sie durch. 169

słuchać płyt - ~~grać w pingponga~~ - śpiewać w chórze - grać na pianinie - wędrować - chodzić na koncerty - grać w orkiestrze - grać na gitarze - pływać - zbierać znaczki - zbierać instrumenty	interesować się muzyką
czytać poezję - kupować książki - chodzić na spotkania autorskie - podróżować - wypożyczać książki z biblioteki - zbierać informacje o pisarzach - pisać wiersze - słuchać radia - dyskutować o nowych książkach - łowić ryby - oglądać filmy - czytać powieści	interesować się literaturą
gotować - oglądać telewizję - robić na drutach - grać w tenisa - odpoczywać - naprawiać - majsterkować - bawić się z dziećmi - robić zdjęcia - szyć - sprzątać - żeglować - prać - pracować w ogrodzie - malować -	zajmować się domem

Welche dieser Beschäftigungen stehen im Zusammenhang mit dem Thema 'gesellschaftliche Kontakte, Geselligkeit' ? Was für eine Gruppe bilden die übrigen ? 170

zapraszać gości - przygotowywać jedzenie - gimnastykować się - śpiewać - jeździć na nartach - spotykać się w kawiarni - dyskutować - tańczyć - grać w siatkówkę - opowiadać sobie, co nowego - pokazywać przeźrocza z urlopu - oglądać programy sportowe - grać w karty - uprawiać jogging - plotkować - jeździć konno - iść w gości - chodzić na mecze hokejowe - dawać prezenty - obchodzić imieniny - pływać - wychodzić z innymi do teatru lub kina - pić -

życie towarzyskie _

_ _

_ _

_ _

_ _

Lekcja 11

171 *Überfliegen Sie die kulturellen Notizen aus der Presse und suchen Sie nach den gefragten Informationen.*

1. Was für ein Programm bietet das Theater für Opernminiaturen an der Mole in Sopot an? ___
2. Wann und wo findet ein Orgelkonzert statt? ___
3. Wann und wo wird ein Deutscher ein Symphoniekonzert dirigieren? ___
4. Wann endet das Festival Sopot Classic? ___
5. Was spielt das Kammerorchester von Wojciech Rajski? ___
6. Wo wird das Musical "Skrzypek na dachu" aufgeführt? ___
7. In welchem Theater wird "Schneewittchen" aufgeführt? ___
8. Wann und wo kann man Balladen und Gedichte von Sagarra, Salvat-Papasseta Andreu und anderen hören? ___
9. Wer singt jüdische Lieder? Wo findet die Veranstaltung statt? ___
10. Wofür entschuldigt sich das Musiktheater in seiner Annonce? ___
11. Wo und wann kann man ein Kabarettprogramm sehen? ___
12. Wo stellt Andrzej Szadkowski seine Zeichnungen und Plakate aus? ___
13. Was sollen die Kinder besichtigen, die ein Abzeichnen in der Wanderaktion "Wir lernen unser Land kennen" erlangen wollen? ___
14. Welche Instrumente spielen die den jüdischen Sänger begleitenden Musiker? ___
15. Welche Ausstellung ist jetzt in dem berühmten "Labor für die moderne Kunst" in Elbląg zu sehen? ___
16. Wo und wann kann man an einem Tanzkurs der I. und II. Stufe teilnehmen? ___
17. Wie viele Kinderfilme gibt es im Kinoprogramm? ___
18. Wann läuft "Ghandi"? Für welche Altersstufe ist er zugelassen? ___
19. Welche Filmtitel sind Ihnen sonst bekannt? ___

Notatnik kulturalny

Koncert Orkiestry Kameralnej

Bałtycka Agencja Artystyczna zaprasza na koncert Orkiestry Kameralnej Wojciecha Rajskiego, w środę 20 bm. o godz. 18, do sali hotelu „Orbis” Grand w Sopocie. W programie: W.A. Mozart — symfonia g-mol op. 183., P. Czajkowski — wariacje rococo op. 33 — koncert na wiolonczelę z orkiestrą. G. Bizet — symfonia C-dur. Solistka — Małgorzata Kuziemska (wiolonczela).

Koncerty symfoniczne

Najbliższe koncerty symfoniczne Filharmonii Bałtyckiej, 26 bm., o godz. 19 i 27 bm., o godz. 11, poprowadzi Antoni Zapfr z RFN, a ich solistą będzie Jerzy Cyran — klarnet. W programie: „Wariacje na orkiestrę” R. Febela, I koncert klarnetowy f-moll K. M. Webera oraz I Symfonia B-dur R. Schumann

(u)

Poezja i nuty

15 bm., o godz. 19, Dom Kultury na Morenie przy ul. Nałkowskiej 3 zaprasza na koncert grupy Zespół Reprezentacyjny. W programie: ballady i wiersze: Lluisa Llacha, Sagarry, Salvat-Papasseta, Andreu i in.

Zagrają organy

Jutro we Fromborku i **w poniedziałek** w Elblągu, w ramach XXVIII Międzynarodowego Festiwalu Muzyki Organowej, wystąpi Andrzej Stępień (Andre Stepien) z Austrii. W programie utwory J.S. Bacha, A.F. Kropfreitera i M. Góreckiego oraz Medytacja „Między Tatrami... a Hebronem”.

Koncert we fromborskiej katedrze rozpocznie się **o godz. 13.30**, w elbląskiej – **o godz. 17.**

(amk)

Teatry

19

GDYNIA TEATR MUZYCZNY — **Skrzypek na dachu, g. 19**

TEATR DRAMATYCZNY, ul. Bema 26 — **Święto Winkelrida, g. 19**

ELBLĄG TEATR DRAMATYCZNY — **Królewna Śnieżka, g. 11** (duża scena); **Niejaki Piórko, g. 18** (mała scena)

Imprezy

GDAŃSK — KINO GEDANIA — „Friko od nowa” program kabaretowy, niedz. g. 13.15, 15, 17, 19

GDYNIA DOM RZEMIOSŁA — „Friko od nowa” program kabaretowy, sob., g. 11, 13, 15, 17,19

Wystawy

SOPOT GALERIA SZTUKI BWA, Powstańców Warszawy **2-6 — Jan** Rzyszczak — malarstwo; **Grupa M-59 z Danii, w g. 12—18**

GDYNIA GALERIA GRAFIKI I RYSUNKU, ul. Derdowskiego 11 — wyst. rysunku i plakatu **Andrzeja Szadkowskiego; w g. 11—17**

KMPiK, Świętojańska 68 — malarstwo Eugeniusza Paszkowskiego (kawiarnia klubu); **fotograficzna** Haliny **Wasielke pt. „Migawki z Jugosławii”** (czytelnia), **w g. 9—20**

ELBLĄG GALERIA „El” — wyst. twórców środowiska elbląskiego pn. „Salon elbląski 1985”

GDAŃSK-PRZYMORZE, Dom Kultury ul. Śląska 66 b — Galeria **Konfrontacji** — Mieczysław **Wosiak — malarstwo — w g. 10—18**

Kina

STUDYJNE HELIKON — Edukacja filmowa, sob., niedz. g. 16 (imprezy zamknięte), **STUDYJNE ŻAK — Hair (USA) od l. 15, sob., niedz.,**

STUDYJNE ATLANTIC — **Duch** (USA) od l. 15. g 15, **Księżniczka** (węg) od l. 15 (godz. 17 i 19.30 seanse zamknięte) **GOPLANA — E.T.** (USA) bez ogr., g. 13, 15, 17, Widziadło (pol) od l. 18, g. 19,

OKSYWIE GROM — Gandhi (ang) od l. 15, sob., niedz. g. 19.30, **Poranek filmowy dla dzieci, niedz. g. 12,**

RUMIA AURORA — Seksmisja (pol) od l. 15, sob., niedz. g. 15, 17.15, 19.30, **Reksio magik** (bajka), niedz. g. 11

OLIWA DELFIN — Przygody barona Münchhausena (fr) bez ogr., sob., niedz. g. 14,

GRABÓWEK FALA — Akademia Pana Kleksa (pol) bez ogr., cz. I, g. 16.30 **Thais** (pol) od l. 18, g 18

HEL WICHER — Muppety jadą do Hollywood (ang) bez ogr., sob. g. 17, niedz. g. 15,

GARDEJA WARS — Imperium kontratakuje (USA) od l. 12,

TEATR MUZYCZNY w Gdyni

PRZEPRASZA I INFORMUJE

- **że wszystkie bilety na „Drugie wejście smoka”, „Skrzypek na dachu”, „Lato Muminków”, „Perichola”, „Straussiada” zostały już na miesiąc luty wyprzedane.**

Zapraszamy do naszego teatru w marcu.

Rezerwacja, tel. 21-78-16.

KURS TAŃCA

Klub Tańca Towarzyskiego „Top” przy Klubie Marynarki Wojennej w Gdyni przy ul. Zawiszy Czarnego 1 zaprasza na kurs tańca towarzyskiego I stopnia w poniedziałki i wtorki, o godz. 19, a II stopnia, w poniedziałki, godz. 17. Rozpoczęcie kursu 15 i 16 bm.

Sopot Classic

W ramach festiwalu Sopot Classic **dziś o godz. 20** w Operze Leśnej wystąpi Operetka Wrocławska ze **Skrzypkiem na dachu, jutro o godz. 20.30** – również w sopockiej Operze Leśnej – rozpocznie się operetkowy koncert **W wiedeńskim stylu**. Koncert poprowadzą Julian Kydryński i Jerzy Gruza, wystąpią soliści, chór i orkiestra Opery Bałtyckiej pod batutą Hansa Stähla. W programie najpiękniejsze fragmenty operetek, najpopularniejsze walce i polki. W **najbliższy poniedziałek** w Dworku Sierakowskich odbędzie się **Koncert finałowy** Sopot Classic.

Balet w fontannie

Kąpielisko Morskie Sopot zaprasza **dziś** na widowisko baletowo-muzyczne **Zapamiętaj zapach morza** w wykonaniu Teatru Miniatur Operowych Elżbiety Rachwał. Spektakl rozpocznie się **o godz. 21** w fontannie na sopockim molo.

Wcześniej w muszli koncertowej wystąpią: godz. 17 – **Kijów Band**, godz. 18 – **grupa Danned**, godz. 19 – **zespół Zayazd**

Yiddish Songs

Jeszcze dziś i jutro na godz. 20 teatr Atelier w Sopocie (Łazienki Północne) zaprasza na Yiddish Songs – recital piosenek żydowskich w interpretacji André Hübnera-Ochodlo. Scenografię zaprojektowała Elżbieta Daszkowska. André Hübnerowi-Ochodlo będą akompaniować: Dorota Artykiewicz (keyboards), Krystyna Steczkowska (skrzypce) i Marek Richter (gitara).

Zaproszenie dla dzieci

O najmłodszych pomyśleli działacze Klubu Turystów Pieszych „Bąbelki”. 31 bm. rozpoczynają 4-etapowy rajd na raty, organizowany dla dzieci do lat 12, pod hasłem: „Zdobywamy odznakę krajoznawczą ziemi gdańskiej”. Program rajdu obejmuje zwiedzanie zespołu zabytkowego Głównego Miasta Gdańska.

Zbiórka grup szkolnych z opiekunami i turystów indywidualnych o godz. 10, przy Bramie Wyżynnej.

Nasze propozycje

Turystyka Rozrywka Wypoczynek

Hiszpania i Tunezja

Atrakcyjną ofertę ma Biuro Turystyki Zagranicznej PTTK w Gdańsku. Od sierpnia do października jest możliwość wyjazdów do **Hiszpanii.** (6 dni pobytu). Komu mało, może jechać na 10-dniowy objazdowy szlak turystyczny, który prowadzi z **Madrytu** do **Kordoby, Sewilli, Malagi** i **Grenady.**

Od września do grudnia przewiduje się wycieczki do **Włoch** „z zaliczeniem" takich miast, jak: **Rzym, Sorento, Neapol.** Na sierpień i wrzesień programowane są wycieczki do **Francji (Paryż i zamki nad Loarą).**

Wypady do **Grecji** przewidziane są od czerwca do października. Są dwie wersje wyjazdów, krótka, 4-dniowa z pobytem w **Atenach** i 12-dniowa ze zwiedzaniem **Aten** i **Salonik.** Ostatnia wreszcie atrakcja to **Tunezja.** 8-dniowy pobyt jest możliwy od czerwca do września.

Kto nie ma dolarowych zasobów może się wybrać, własnym transportem, na 8 lub 12 dni na **Węgry.**

Szczegóły w BTZ PTTK przy ul. Długiej 45 w Gdańsku, tel. 31-47-81.

Pod namioty

Spółdzielnia Mieszkaniowa „Budowlani" w Gdańsku organizuje obóz rekreacyjno-sportowy pod namiotami. Zaplanowano go w dniach 1-14 lipca w Sulęczynie, a gościć będzie tam młodzież w wieku 10—16 lat.

W programie: nauka pływania, kajaki, łodzie itp. Szczegóły tel. 56-77-50.

ORLI BIURO PODRÓŻY TRAVEL OFFICE IATA

ORLI
BIURO PODRÓŻY TRAVEL OFFICE
81-703 Sopot, ul. Kościuszki 61,
tel./fax 51-72-59, tlx 513158
Bilety lotnicze i promowe - sprzedaż i rezerwacja, organizacja urlopów i wypoczynku, ubezpieczenia.
Godziny otwarcia: pon. - piątek 8.00-18.00

Baltica s.c

Sopot, Chopina 36, 51-20-74
Zaprasza na atrakcyjne:
1. wycieczki
SZWAJCARIA - 8, 10 dni
WŁOCHY + SZWAJCARIA - 9 dni
PARYŻ + BRUKSELA - 6 dni
2. wczasy, sanatoria, pobyty indywidualne
POLSKA, ŁOTWA, MORAWY, SŁOWACJA, WŁOCHY

Rodeo na rowerze

Oryginalną imprezę zapowiada w dniach 27—28 bm. Akademicki Klub Turystyki Kolarskiej „Antymoto". Będą to zawody rowerowe na orientację, czyli — rajd rowero-rodeo 85. Trasa wiedzie z Wejherowa do Pucka i Werblinia (nocleg). Jest to wyprawa dla wytrawnych kolarzy — turystów (60 km trasy).

Należy zabrać sprawny rower, śpiwór, materac i wyżywienie na dwa dni. Zapisy 26 bm. w godz. 17—19, tel. 41-92-31.

Wczasy po angielsku

Bardzo interesujące propozycje wypoczynku otrzymaliśmy z Zakładu Usług Socjalnych „Spółdzielca" w Gdańsku. Na przełomie maja i czerwca w **Łupawsku k. Bytowa** będą **wczasy dla wędkarzy** (jezioro Jasień). W tym samym czasie w **Kątach Rybackich** zorganizuje się dwa turnusy wczasowe, połączone z **nauką języka angielskiego.** Na wczasowiczów czerwcowych czeka także ośrodek wypoczynkowy w **Stegnie.**

Szczegóły w „Spółdzielcy", przy ul. Chłopskiej 44 A w Gdańsku, tel. 53-17-07, wewn. 8 lub 30, teleks: 051-29-81.

VENTUS

Gdańsk, Grunwaldzka 116,
41 62 41
BILETY LOTNICZE:
WYCIECZKI: USA, Kanada - wizy i inne ciekawe zakątki świata
PRZEWOZY:
Rzym, Turyn i inne
NARTY: Austria, Słowacja
LUDZIE MAJĄ DZIWNE ŻYCZENIA, A MY JE WSZYSTKIE SPEŁNIAMY...

it GDAŃSK

Agencja Informacji Turystycznej s.c.
ul. Długa 45 Gdańsk
tel. 31 91 51
wielojęzyczna informacja turystyczna
sprzedaż wydawnictw turystyczno-krajoznawczych

Roki-Trans

Gdańsk-Wrzeszcz, Kościuszki 7/9
41-07-18, wieczorem: 32-78-51
przewozy: Kiel, Lübeck, Hamburg, Bremen, Wilhelmshaven, Osnabrück, Turyn, Mediolan
wycieczki: Francja, Włochy, Hiszpania
wynajem autokarów

AGENCJA »HIGH SOCIETY« AHS • GDAŃSK •

AGENCJA „HIGH SOCIETY"
Gdańsk
BIURO TURYSTYKI
DANUTA TOMASZ UŹDZIŃSCY
codzienne przewozy mikrobusowe do KÖLN
przewozy autobusowe do Europy Zachodniej
wynajem mikrobusów
wycieczki
wczasy krajowe i zagraniczne
obozy i kolonie młodzieżowe
realizacja imprez turystycznych na indywidualne zamówienia
Gdańsk, Elżbietańska 10/11, 31-51-11, 31-57-35

ZAJAZD SWANTEWIT

TUJSK (7) 86-28
Zaprasza: posiłki domowe, noclegi.

WCZASY NA POLSKIEJ WSI

Wspaniały i niedrogi wypoczynek dla Ciebie i Twojej rodziny na terenie Szwajcarii Kaszubskiej, Borów Tucholskich i Pobrzeża Kaszubskiego. Możesz spacerować wśród pól, wędkować, zbierać owoce runa leśnego, jeździć konno, bryczką i rowerem, a wieczorem rozkoszować się przy ognisku pieczonym baranem. Możesz również korzystać ze świeżej, zdrowej żywności.
GDAŃSKIE STOWARZYSZENIE AGROTURYZMU
W GDAŃSKU
ul. Jedności Robotniczej 293, tel. (82) 39-04-83(82), fax 39-09-45

Lekcja 11

172

Einige polnische Zeitschriften führen eine Rubrik mit Adressen von Personen, die gern in Briefkontakt mit jemandem aus Polen treten würden. Ihre Anschrift wurde dort veröffentlicht. Beantworten Sie folgende Zuschrift.

Szanowna Pani!

W moim pierwszym liście chciałabym się przedstawić. Nazywam się Grażyna Barańska, mam 28 lat i mieszkam w Grudziądzu. Jestem laborantką i pracuję w zakładach spożywczych jako kontroler jakości. Od 5 lat jestem mężatką. Narazie nie mamy dzieci.
Jakie mam zainteresowania? Interesuję się szczególnie historią. Czytam dużo książek, zbieram stare mapy i stare widokówki. Chętnie oglądam też filmy dokumentalne. Ale ciekawi mnie nie tylko historia. Interesuję się też turystyką. Chętnie podróżuję, aby poznać nowe miejsca, aby nawiązać nowe znajomości. Lubię też fotografować. A czego nie lubię? Nienawidzę kuchni! Chwała Bogu, że mąż

Lekcja 11

C

173

Wie lernen Sie Polnisch ? Beantworten Sie die Fragen und benutzen Sie dazu die Formulierungen in dem Kasten.

1. Uczysz się reguł gramatycznych na pamięć ?
   Eeee tam... Uczenie się reguł na pamięć nic nie daje.
2. Robisz listy z nowymi słówkami ?
3. Tłumaczysz niemieckie teksty na język polski ?
4. Przepisujesz teksty z podręcznika, żeby lepiej zapamiętać nowy materiał ?
5. Słuchasz często kaset z rozmówkami z podręcznika ?
6. Powtarzasz czasem głośno za kasetą, gdy jej słuchasz ?
7. Nagrywasz czasami sam coś na kasetę ?
8. Piszesz już listy do Polski po polsku ?
9. Czytasz już czasem jakąś polską gazetę ?
10. Rozmawiasz po polsku, gdy spotkasz gdzieś Polaków ?

Lekcja 11

D

174

Lesen Sie diese Annonce und beantworten Sie die Fragen.

NAUKA

INTENSYWNY 5 - tygodniowy kurs języka NIEMIECKIEGO dla początkujących w godzinach przedpołudniowych od 1 lipca organizuje „Lingwista - Oświata" Gdańsk, Malczewskiego 51, godz. 7.30 — 15.30. tel. 32-49-71. K-4813

ZGUBY

1. Wer organisiert den Deutschkurs?

_ _

2. Wie lange soll er dauern?

_ _

3. Für wen ist er bestimmt?

_ _

4. Wann soll er stattfinden?

_ _

175

Diese kleine Übersetzungsübung ermöglicht Ihnen, mit einer grammatischen Regel zu "spielen". Es geht um Ableitungen von der **-ąc***-Form der Tätigkeitswörter (Verben).*

1. die duftende Blume pachnieć → pachnąc → pachnący kwiat
2. das fehlende Wort brakować → brakując →
3. ein vielbedeutendes Wort znaczyć → _ _ _ _ _ _ _ _ _ _ _ _ _ _ _
4. ein interessantes Buch interesować → _ _ _ _ _ _ _ _ _ _ _ _ _ _ _
5. ein sprechender Computer mówić → _ _ _ _ _ _ _ _ _ _ _ _ _ _ _
6. ein Schreibautomat pisać → _ _ _ _ _ _ _ _ _ _ _ _ _ _ _
7. eine Stehlampe stać → _ _ _ _ _ _ _ _ _ _ _ _ _ _ _
8. ein fahrendes Auto jechać → _ _ _ _ _ _ _ _ _ _ _ _ _ _ _
9. ein zurückfahrender Bus wracać → _ _ _ _ _ _ _ _ _ _ _ _ _ _ _
10. eine entnervende Situation denerwować → _ _ _ _ _ _ _ _ _ _ _ _ _ _ _

Lekcja 12

A

176

Was machen die Leute auf den Bildern ?

W pokoju widać mężczyznę, który ogląda telewizję i chyba pije herbatę.

Lekcja 12

Lekcja 12

177 *Ein Urlauber erzählt im Plauderton von den Leuten, die er im Erholungszentrum sieht. Schauen Sie das Bild im Lehrbuch an und finden Sie heraus, wo sich der Erzähler befindet. Üben Sie dabei die Einleitung von Nebensätzen, die Sie beim Erzählen häufig brauchen.*
Hier die nötigen Formen:

Nominativ	**który**	**która**	**które**	**którzy**	**które**
Akkusativ	**którego**	**którą**	**które**	**których**	**które**
				(Männer mit/ ohne Frauen)	*(Frauen, Kinder, Tiere, Sachen)*

Mamy tu wspaniały widok. Popatrz tam na prawo, na tego chłopaka w dresie, _________ biegnie do lasu. To syn koleżanki z pracy, __________ ma pokój obok mnie. A widzisz tego faceta, _________ pozuje z rybą do zdjęcia? To nasz dyrektor. Jest tu dopiero od wczoraj. A tam koło huśtawki stoją dwaj mężczyźni, __________ rozmawiają z jakąś kobietą. To Piotr Czarnkowski z bratem, wiesz, ten dziennikarz z "Głosu", który przygotowuje reportaż o naszym zakładzie. A ta dziewczyna, ________ stoi tu na dole, koło kawiarni, to jego żona. Widzisz, w takim ośrodku wypoczynkowym zna się od samego początku dużo ludzi, a po trzech tygodniach to już nawet wszystkich. Ta kobieta, _______ widzisz na ławce, tam naprzeciw skrzynki pocztowej, też pracuje w moim zakładzie, ale wiem o tym dopiero teraz. Z pracy jej nie znam, bo pracuje w magazynie, a ja tam nigdy nie chodzę. Ona jest całkiem sympatyczna, ale jej dzieci, _________ widać tam w kolejce po lody, są bardzo źle wychowane. Robią, co chcą. A popatrz tam, widzisz tego, ________ stoi w żaglówce? To mój kierownik, _________ spotkasz dziś wieczorem u nas na kartach. Ta kobieta na lewo, _________ opala się na balkonie, to jego dziewczyna. Zobaczysz, to bardzo mili ludzie. Za to ci dwaj, ________ niosą łódkę nad jezioro, to antypatyczne typy. Nie warto starać się o kontakt z nimi. Aha, popatrz jeszcze tu obok, ale dyskretnie, na tych ________ siedzą obok nas. To ludzie z centrali w Warszawie. Muszę jakoś nawiązać z nimi znajomość. To okazja, _________ może się już nie powtórzyć, a taka znajomość w centrali to dobra rzecz. Tylko jak to załatwić?

178 *In der Übung 112 haben Sie die Kurzformen der 3. Person geübt. Hier kommen sie in Verbindung mit Verhältniswörtern (Präpositionen) -* **do, od, dla, na, po, z** *usw. - vor. Diese "Begleitung" verlangt immer die* **n***-Formen.*

	Genitiv	*Akkusativ*	*Instrumental*	*Lokativ*
on	*do* **niego**	*na* **niego**	*z* **nim**	*o* **nim**
ona	*dla* **niej**	*po* **nią**	*z* **nią**	*o* **niej**

1. Na kogo czekasz? Na Anię? _Nie, nie na nią. Na Michała._
2. Dla kogo te lody? Dla Moniki? ________________________
3. To list od Zbyszka? ________________________

4. Na kogo tak narzekasz? Na męża? ________________________
5. Korespondujesz jeszcze z Danką? ________________________
6. O kim mówisz? O Teresie? ________________________
7. Do kogo dzwonisz? Do Grzegorza? ________________________
8. Może chcesz dyskutować z profesorem? ________________________
9. Czekasz na Stefana? ________________________
10. Dokąd idziesz? Po żonę? ________________________
11. Do kogo piszesz? Do Tadeusza? ________________________
12. Wypijesz z Helgą bruderszafta? ________________________
13. O kim tak myślisz? O mężu? ________________________
14. Z kim idziesz na dancing? Z Jankiem? ________________________
15. Od kogo masz ten prezent? Od Krysi? ________________________
16. Na kogo tak patrzysz? Na Jolę? ________________________
17. Dla kogo są te kwiaty? Dla kierownika? ________________________
18. O kim chcesz dzisiaj mówić? O Chopinie? ________________________

C

179

Welche Möglichkeiten bieten sich für Polen, ihren Urlaub oder ihre Freizeit zu verbringen? Die Informationen erhalten Sie aus den Pressenotizen auf Seite 112.

1. Welches Reiseunternehmen verspricht, die ausgefallensten Kundenwünsche zu erfüllen? ________________________
2. Wer bietet Urlaubs- und Kuraufenthalte im In- und Ausland an? ________________________
3. Wo kann man einen Urlaub mit Fremdsprachenunterricht verbringen? ________________________
4. Bei wem kann man Flugtickets kaufen oder reservieren? ________________________
5. Was muß man für den Fahrradausflug mitnehmen? ________________________
6. Wo kann man Ferien auf dem Lande verbringen? ________________________
7. Wie kann man dort die Zeit verbringen? ________________________
8. Wer bietet ein Sportlager für Jugendliche an? ________________________
9. Wo bekommt man touristische Auskunft in mehreren Fremdsprachen? ________________________
10. Wann kann man an einer Reise nach Rom, Sorrento und Neapel teilnehmen? ________________________
11. Wie lange dauert die Reise nach Tunesien? ________________________
12. Wann und wo gibt es noch freie Plätze für einen Angelurlaub? ________________________
13. Welches Reiseuntenehmen unterhält Buslinien nach Kiel, Lübeck, Hamburg und Bremen? ________________________
14. Welches Reiseunternehmen bietet Skiurlaub im Ausland an? ________________________
15. Welches Unternehmen organisiert touristische Veranstaltungen nach individuellen Wünschen der Kunden? ________________________

Lekcja 12

183 *Erkennen Sie die Hauptstädte? Was gehört zusammen?*

we Francji	w Londynie
we Włoszech	w Wiedniu
w Anglii →	w Paryżu
w Hiszpanii	w Rzymie
w Austrii	w Atenach
na Węgrzech	w Madrycie
w Grecji	w Budapeszcie

G

184 *Lesen Sie die Zeitungsnotiz über das Wetter genau durch und vergleichen Sie sie mit den Angaben im Kasten.*

POGODA

Zachmurzenie umiarkowane, okresami duże z lokalnymi opadami deszczu, głównie o charakterze przelotnym. Możliwość lokalnych burz. Temperatura minimalna 12—14 st. C, maksymalna 18—19 st. C. Wiatr południowo-zachodni do zachodniego, słaby do umiarkowanego, okresami porywisty.

(cz)

	tak	nie
Morgen ist mit mittlerer bis starker Bewölkung zu rechnen.	☐	☐
Es ist Dauerregen angesagt.	☐	☐
Stellenweise kann es zu Gewittern kommen.	☐	☐
Die Temperaturen liegen zwischen 12 und 19° C.	☐	☐
Der Wind wird aus süd-östlicher Richtung kommen.	☐	☐

4. Na kogo tak narzekasz? Na męża? ______________________
5. Korespondujesz jeszcze z Danką? ______________________
6. O kim mówisz? O Teresie? ______________________
7. Do kogo dzwonisz? Do Grzegorza? ______________________
8. Może chcesz dyskutować z profesorem? ______________________
9. Czekasz na Stefana? ______________________
10. Dokąd idziesz? Po żonę? ______________________
11. Do kogo piszesz? Do Tadeusza? ______________________
12. Wypijesz z Helgą bruderszafta? ______________________
13. O kim tak myślisz? O mężu? ______________________
14. Z kim idziesz na dancing? Z Jankiem? ______________________
15. Od kogo masz ten prezent? Od Krysi? ______________________
16. Na kogo tak patrzysz? Na Jolę? ______________________
17. Dla kogo są te kwiaty? Dla kierownika? ______________________
18. O kim chcesz dzisiaj mówić? O Chopinie? ______________________

C

179

Welche Möglichkeiten bieten sich für Polen, ihren Urlaub oder ihre Freizeit zu verbringen? Die Informationen erhalten Sie aus den Pressenotizen auf Seite 112.

1. Welches Reiseunternehmen verspricht, die ausgefallensten Kundenwünsche zu erfüllen? ______________________
2. Wer bietet Urlaubs- und Kuraufenthalte im In- und Ausland an? ______________________
3. Wo kann man einen Urlaub mit Fremdsprachenunterricht verbringen? ______________________
4. Bei wem kann man Flugtickets kaufen oder reservieren? ______________________
5. Was muß man für den Fahrradausflug mitnehmen? ______________________
6. Wo kann man Ferien auf dem Lande verbringen? ______________________
7. Wie kann man dort die Zeit verbringen? ______________________
8. Wer bietet ein Sportlager für Jugendliche an? ______________________
9. Wo bekommt man touristische Auskunft in mehreren Fremdsprachen? ______________________
10. Wann kann man an einer Reise nach Rom, Sorrento und Neapel teilnehmen? ______________________
11. Wie lange dauert die Reise nach Tunesien? ______________________
12. Wann und wo gibt es noch freie Plätze für einen Angelurlaub? ______________________
13. Welches Reiseuntenehmen unterhält Buslinien nach Kiel, Lübeck, Hamburg und Bremen? ______________________
14. Welches Reiseunternehmen bietet Skiurlaub im Ausland an? ______________________
15. Welches Unternehmen organisiert touristische Veranstaltungen nach individuellen Wünschen der Kunden? ______________________

Lekcja 12

C 180

Ein Familienvater beschreibt seine Probleme mit der Urlaubsplanung.
In welcher Reihenfolge müssen Sie die Abschnitte lesen?

A

W czasie urlopu chcę odpocząć. Dużo spacerów po lesie,
mało kontaktu z ludźmi...
Nie wiemy jeszcze, jak rozwiązać ten problem. A naj-
dalej za tydzień musimy się zdecydować i gdzieś
zarezerwować miejsca.

B

to nie za wcześnie na taką podróż dla chłopca.
Ma przecież dopiero 16 lat. A jak się coś stanie?
Żona też już nie chce spędzać urlopu w domku.
Mówi, że dosyć ma domu; cały rok musi goto-
wać, kupować, prać czy sprzątać, to chociaż wa-
kacje chce mieć od tego wolne. A poza tym chce
mieć więcej kontaktów, poznawać ludzi, zwiedzać inne kraje.

C

Wszystko to się zgadza. Ale ile taka przyjemność
kosztuje!! Myślę, że nas nie stać na taki urlop.
Wolałbym, jak już nie w domku letnim, to gdzieś
w jakimś małym pensjonacie, w jakiejś małej miejscowości,
na przykład w Bawarii. Ja mam dość jeżdżenia w pracy.

D

W tym roku nie spędzimy urlopu jak zwykle –
całą rodziną w domku letnim. Holger nie chce
już jeździć z nami. Mówi, że to za nudne.
Woli pojechać z kolegami. Jego paczka planuje
pojechać rowerami nad Jezioro Bodeńskie. Nocować
chcą w namiotach na campingu. Nie wiem, czy

E

Chyba ma rację, bo przecież cały rok siedzi w domu.
Ale ona chce w tym roku spędzić urlop na statku
pasażerskim kursującym po Morzu Śródziemnym.
„Mieszka się wtedy luksusowo, nic nie trzeba robić,
towarzystwo jest duże i interesujące, a do tego
można zwiedzić kilka egzotycznych krajów."

Lekcja 12

Welche Art, einen Urlaub zu verbringen, bevorzugen Sie? Warum? 181

nach Vergangenem fragen	- Gdzie byłeś? - Czy byłaś już kiedyś we Francji? - Jak było?
über Vergangenes erzählen	- Byłem w Hiszpanii / w Polsce / we Włoszech. - Byłam tylko w RFN-ie. - Hotel był nie za bardzo. Pogoda była niezła.

E

Wo sind Sie schon überall gewesen? Wie oft? Wie lange? 182

Czy była już pani kiedyś w Holandii?

A we Francji?

A w jakim kraju jeszcze?

-ALE PRZYZNASZ, ŻE TO POPRAWIA SAMOPOCZUCIE

Lekcja 12

183 *Erkennen Sie die Hauptstädte? Was gehört zusammen?*

we Francji	w Londynie
we Włoszech	w Wiedniu
w Anglii ⟶ w Londynie	w Paryżu
w Hiszpanii	w Rzymie
w Austrii	w Atenach
na Węgrzech	w Madrycie
w Grecji	w Budapeszcie

G

184 *Lesen Sie die Zeitungsnotiz über das Wetter genau durch und vergleichen Sie sie mit den Angaben im Kasten.*

POGODA

Zachmurzenie umiarkowane, okresami duże z lokalnymi opadami deszczu, głównie o charakterze przelotnym. Możliwość lokalnych burz. Temperatura minimalna 12—14 st. C, maksymalna 18—19 st. C. Wiatr południowo-zachodni do zachodniego, słaby do umiarkowanego, okresami porywisty.

(cz)

	tak	nie
Morgen ist mit mittlerer bis starker Bewölkung zu rechnen.	☐	☐
Es ist Dauerregen angesagt.	☐	☐
Stellenweise kann es zu Gewittern kommen.	☐	☐
Die Temperaturen liegen zwischen 12 und 19° C.	☐	☐
Der Wind wird aus süd-östlicher Richtung kommen.	☐	☐

Lekcja 13

A

Beantworten Sie die Fragen im Sinne "ist schon erledigt". 185

1. Wypije pani kawy?

_ _

2. Może kupisz po drodze gazetę?

_ _

3. Kiedy ty to nareszcie zrozumiesz?!

_ _

4. Musisz podziękować Zygmuntowi za prezent.

_ _

5. Jest jeszcze jedna kanapka. Może pan zje?

_ _

6. Może zadzwonić po lekarza?

_ _

7. Słyszałam, że pani chce kupić domek. To prawda?

_ _

8. O, przepraszam. Zaraz panią przedstawię wszystkim gościom.

_ _

9. Trzeba odpisać na list Doroty.

_ _

10. Musisz zapamiętać sobie to słowo.

_ _

Janusz kam gestern ins Krankenhaus. Heute bekommt er schon den ersten Besuch von einer Freundin. 186
In dem Text war ein "Druckfehlerteufel" am Werk. Wo hat er seine Spuren hinterlassen?

– Cześć Janusz! Co słychać?
- Krystyna? Kto ci powiedział, że jestem w szpitalu?!
- Spotkałem właśnie Manfreda. Nieźle wyglądasz w tym gipsie. Co robiłeś?
- To dłuższa historia. Miałam po prostu wczoraj pecha. Najpierw wstałe późno, bo w nocy długo nie mogłem spać. Zamiast śniadania zjadł więc obiad i zadzwoniłem do Stefana, żeby umówić się z nim na mecz. Ale go nie było w domu. Jego żona nie wiedziałaś też, kiedy wróci. Musiałem więc iść sam. Było ładna pogoda, więc ruszyła pieszo na stadion. Niestety spóźniłem się i nie dostał już biletu. Próbowałam wejść na drzewo, żeby stamtąd oglądać mecz, ale drzewo była za słabe ... no i wylądowałem w szpitalu.

Lekcja 13

187 Der Brief aus dem Urlaub ist leider sehr beschädigt angekommen. Was könnte in dem fehlenden Teil gestanden haben? Ergänzen Sie.

Sopot, dn. 9.7.85

…chana Niusieńko ♥

…koda, że Cię tu ze mną nie ma.
…czorem _________ do Ciebie, ale
… ____ w domu. Zastanawiam się
…łaś. Bez Ciebie mój urlop tutaj
…nudny. Mówię Ci, dzień w dzień
… Wczoraj na przykład _______
… dziesiątej, bo przed południem
… nic do roboty. __________
… nad morze i ________ cały
… o Tobie, Niusieńko. Jestem tu taki sam!
…nie ______, bo zupełnie nie mam
…. Nie wiem, dlaczego. Po obiedzie
… nie _________. Siedziałem
… na balkonie i _______
… . Twoje listy są naprawdę
…ożna je czytać po sto razy.
… się podobają. ______, że
… pisać listów i dlatego tak rzadko
…do mnie. Szkoda! Chciałbym mieć
…list od Ciebie i wiedzieć dokładnie
…, co myślisz. Napisz proszę!
Czekam!

Całuję gorąco
zawsze Twój
Misiu

czytałem - poszedłem - dzwoniłem - mówiłaś - jadłem - wstałem - było - robiłem - myślałem

B

Welche Aussage paßt zu welchem Bild?

188

A

B

C

D

E

Wczoraj po południu **wyszłyśmy** do miasta.

Wczoraj po południu **wyszliśmy** do miasta.

Finden Sie heraus, wie die Wörter lauten?

189

ŁEM PO SZED	LIŚ PI CIE WY	MY NA PI LIŚ SA	ZA WA RE ŁAM WO ZER
________	__________	__________	_________________

MAŁZSOP	_______________	IMAMOZRZUŁA	_______________
PIKŁU	_______________	ŚEŁINOWZDAZ	_______________
IBARZOŁ	_______________	LIBYŚCIE	_______________
ŁAMIEM	_______________	DAJMAŁ	_______________

Lekcja 13

190 *Wer kann all das gemacht haben ? Gehen Sie alle Möglichkeiten durch und kreuzen Sie die passenden Wörter an.*

my dwie	Wiśniewscy	rzeczy	my (F+M)	Ula i ty (F)	państwo	córki	Piotr i ja (M)	wy (FF)	dzieci	
—	+	—	—	—	+	—	—	—	—	zapytali mnie o godzinę.
										poszłyśmy wczoraj do kina.
										byli u nas dziś rano.
										napisaliście tylko jeden list.
										leżały na plaży.
										dzwoniliśmy już do was.
										spóźnili się na kolację.
										zaprosiły nas do restauracji.
										nie zrozumiałyśmy go.
										wypiliście całe wino ?
										bawiły się na dworze.
										się chyba z tego ucieszyli ?
										podobały nam się bardzo.
										odwiedziliśmy wczoraj Elę.
										czekałyśmy na was godzinę !

191 *Hier geht es um Nebensätze, die mit* **który** *anfangen. Überlegen Sie bei jedem Satz, ob Sie die männliche, weibliche oder sächliche Form brauchen, und ob es sich um den Nominativ oder den Genitiv handelt.*

Nominativ	który	która	które	którzy	które
Genitiv	którego	której	którego	których	

1. To zegar, __________ jeszcze nigdy nie był punktualny.
2. Spotkałam dziś koleżankę, __________ mieszka teraz w Grecji.
3. Zadzwonił do mnie znajomy, __________ nie widzieliśmy już od lat.
4. Zobaczyliśmy przez okno dziecko, __________ bawiło się na ulicy.
5. Dużo jest w tym kraju kobiet, __________ nigdy nie pracowały poza domem.
6. Znajoma, __________ nie było wczoraj na kursie, pytała mnie dziś, co było ?
7. Dwaj uczniowie, __________ wybiegli na ulicę, nie widzieli autobusu.
8. Po co mi samochód, __________ spala tyle benzyny !?
9. Widzieliście kiedyś radio, __________ nie można wyłączyć ?
10. Dostałam dziś list od matki, __________ syn jest moim uczniem.
11. Profesor, __________ wykładów zawsze chętnie słuchałam, przeszedł na rentę.
12. Na imieninach było dużo ludzi, __________ nikt nie zapraszał.
13. Dostaliśmy w prezencie książkę, __________ waży 8 kg !
14. Syn zapytał mnie o reżysera filmu, __________ nie znałem.

C

192

Dawno temu heißt "lange her". Was passierte damals? Finden Sie es heraus und tragen Sie es senkrecht ein.

Znajomi z Polski piszą do nas w liście, że nie (4) zapomnieli o nas, ale nie (5)________ odpisać wcześniej, bo właśnie (2)__________ się na nowe mieszkanie i (9)_______ dużo do roboty. Dzieci (8)__________ na ten czas do babci. Jabłońscy (3)____________ wszystkie rzeczy ciężarówką z zakładu. Mają teraz trzy pokoje i brakuje im trochę mebli. (1)_________ po sklepach za meblami do dziecinnego, ale nic nie mogli dostać i Jabłoński sam (10)__________ zrobić regały i łóżeczka dla dzieci.
Jabłońscy (6)__________ ____ bardzo, że chcemy przyjechać do nich i piszą, że już nawet (7)______________ nam pokój.

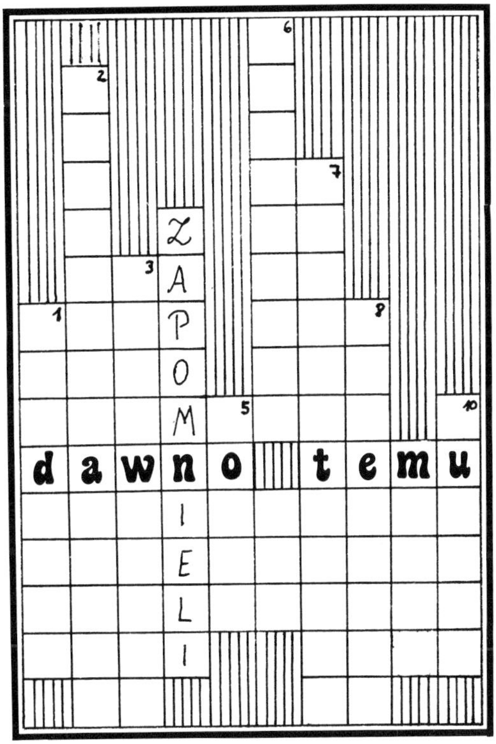

193

Üben Sie den Dativ. Hier sind alle Formen, die bisher vereinzelt vorkamen, im Überblick.

mi ci mu jej || nam wam im

1. Jak mi dasz kawałek papieru, to ci zapiszę nasz nowy adres.
2. Wiem od Bożeny, że dałeś ______ sto marek.
3. Jedliśmy wczoraj w tej nowej restauracji, ale ______ nic nie smakowało.
4. Masz dzisiaj urodziny? No to życzę ______ wszystkiego najlepszego!
5. Wyślę ______ na Wielkanoc paczkę; na pewno się ucieszą.
6. Piotr się bardzo ucieszył, że kupiłaś ______ rower.
7. Günter napisał do Uli i podziękował ______ za zaproszenie do Polski.
8. Przesyłamy ________ pozdrowienia z Grecji. Szkoda, że nie macie urlopu.
9. Zbyszek ugotował _______ zupę, którą zjedliśmy z wielkim apetytem.
10. Przy pożegnaniu z Kasią i Heńkiem życzyłem ______ szerokiej drogi.
11. Marta ma jutro urodziny, a ja nie wiem, co by tu ______ kupić na prezent.
12. Pomogę ______ chętnie, gdy nie dasz rady.
13. Muszę ______ nareszcie oddać jego książki i płyty.
14. Zamówiliśmy zrazy, ale kelner podał ______ zamiast tego gołąbki.
15. Kochani! Jak ______ się podobał Szczecin? Długo tam byliście?
16. Trzeba ______ powiedzieć, że mogą przyjść dopiero po ósmej.
17. Muszę ______ przypomnieć, że dzisiaj chciała zobaczyć ten film o RFN-ie.
18. Pomożemy ______ znaleźć pracę, jak tu przyjedziecie.
19. Tadeusz twierdzi, że radio przeszkadza ______ , gdy się uczy.
20. Wydaje ______ się, że ten sweter będzie na mnie za duży.

Lekcja 13

194 *Die Endungen der Vergangenheitsformen haben Sie im Griff. Jetzt geht es um die Regeln zur Anwendung der Tätigkeitswörter (Verben) bei unvollendeten oder wiederkehrenden Handlungen und bei einmaligen, bereits abgeschlossenen Handlungen. Die Regeln, die Sie im Abschnitt 10 C gelernt haben, gelten auch hier, sie müssen nur auf vergangene Handlungen übertragen werden. Die Übungen sind zwar lang, aber Sie werden am Ende wesentlich mehr Sicherheit auf dem Gebiet gewonnen haben. Gehen Sie nach folgendem Raster vor:*

1. Frage: **Vollzog sich die Handlung mehrmalig?**

- JA → *unvollendetes Wort wählen*
- NEIN → *2. Frage:* **War diese Handlung noch nicht abgeschlossen (also noch "am Dauern"), als etwas anderes "dazwischen kam"?**
  - JA → *unvollendetes Wort wählen*
  - NEIN → *vollendetes Wort wählen* (Es kommt also auf das Ergebnis der Tätigkeit an!)

KUPOWAĆ czy KUPIĆ * ?

1. Jak ______________ widokówki, zapytałam też o znaczki.
   Als ich die Ansichtskarten kaufte, fragte ich auch nach den Briefmarken.

2. Nie ______________ biletów, bo już nie było.
   Ich habe keine Karten gekauft, weil es keine mehr gab.

3. Gazety zawsze ______________ w tym kiosku, ale od kilku dni jest zamknięty.
   Ich habe die Zeitungen immer in diesem Kiosk gekauft, aber seit einigen Tagen ist er geschlossen.

4. Rok temu ______________ sobie domek.
   Vor einem Jahr haben wir uns ein Häuschen gekauft.

5. Nigdy nie ______________ gazet, bo mogłem je za darmo poczytać w EMPiKu.
   Ich habe nie Zeitungen gekauft, weil ich sie beim EMPiK umsonst lesen konnte.

6. Od maja ani razu nie ______________ sałaty czy ogórków.
   Seit Mai habe ich kein einziges Mal Salat oder Gurken gekauft.

7. Rzadko ______________ też owoce, które pochodziły z Niemiec.
   Selten habe ich auch Obst gekauft, das aus Deutschland stammte.

8. Nie rozumiałam, dlaczego mi ciągle ______________ kwiaty.
   Ich verstand nicht, warum er mir ständig Blumen kaufte.

9. Dziwne, po co ______________ gazety, jeśli ich nigdy nie czytał?
   Komisch, wozu kaufte er Zeitungen, wenn er sie nie las?

10. Obejrzałam sobie tę książkę i następnie ______________ dwa egzemplarze.
    Ich schaute mir das Buch an und kaufte anschließend zwei Exemplare.

11. Jak usłyszałam, że kosztuje tylko 100 złotych, natychmiast to ____________.
Als ich hörte, daß es nur 100 Mark kostet, kaufte ich es sofort.

12. Dawniej częściej ____________ biały chleb.
Früher habe ich häufiger Weißbrot gekauft.

13. Za każdym razem ____________ w Polsce głównie książki i mapy.
Jedes Mal habe ich in Polen hauptsächlich Bücher und Karten gekauft.

14. Słyszałam, że ____________ sobie kolorowy telewizor.
Ich habe gehört, daß ihr euch einen Farbfernseher gekauft habt.

15. Mam ci powiedzieć, co ____________ dla Janka na prezent?
Soll ich dir sagen, was ich als Gesçhenk für Janek gekauft habe?

16. Dziś rano nie zdążyłam już ____________ porannej gazety.
Heute früh habe ich es nicht mehr geschafft, eine Morgenzeitung zu kaufen.

17. Wczoraj próbowałam ____________ komputer.
Gestern habe ich versucht, einen Computer zu kaufen.

18. Zanim ____________ ten samochód, odwiedziłam 10 salonów samochodowych.
Bevor ich das Auto gekauft habe, suchte ich 10 Autohändler auf.

19. Odkąd ____________ samochód, nie chodzę już pieszo do pracy.
Seit ich mir das Auto gekauft habe, gehe ich nicht mehr zu Fuß zur Arbeit.

Sie haben gelernt, daß es für die meisten Tätigkeiten zwei verschiedene Wörter gibt. Für manche Tätigkeiten sind sogar drei Begriffe vorhanden. Sie wissen, daß ein unvollendetes Tätigkeitswort sowohl eine noch andauernde Handlung als auch eine mehrmals erfolgte Handlung bezeichnen kann. Für die Begriffe "gehen" und "fahren" gibt es für jeden Fall ein Extrawort. 195

jechać	- *"am Fahren sein"*	*(unvollendet)*
jeździć	- *mehrmals fahren*	
pojechać	- *einmal hingefahren sein*	*(vollendet)*

1. Tydzień temu ____________ na urlop.
Sie sind vor einer Woche in Urlaub gefahren.

2. Nie ____________ samochodem tylko tramwajem.
Wir sind nicht mit dem Auto, sondern mit der Straßenbahn gefahren.

3. Dlaczego nie ____________ tam zaraz po pracy?
Warum bist du nicht gleich nach der Arbeit dahin gefahren?

4. Jak ____________ wczoraj do miasta, spotkałem w autobusie Marka Wolskiego.
Als ich gestern in die Stadt fuhr, traf ich im Bus Marek Wolski.

5. Samochód przed nami ____________ strasznie powoli i zatrzymywał się ciągle.
Das Auto vor uns fuhr schrecklich langsam und blieb an jeder Kreuzung stehen.

6. Zanim __________ do Polski, chodził przez rok na kurs polskiego.
   Bevor er nach Polen fuhr, besuchte er ein Jahr lang einen Polnischkurs.

7. Dzisiaj __________ inną drogą niż zwykle.
   Heute fuhr ich einen anderen Weg als sonst.

8. Jak byłem młody, to chętnie __________ rowerem.
   Als ich noch jung war, fuhr ich gerne Fahrrad.

9. Dawniej __________ na urlop dwa razy do roku.
   Früher fuhr ich zweimal im Jahr in Urlaub.

10. Tak długo __________ na gapę, aż go złapali i słono zabulił.
   Er ist solange schwarzgefahren, bis er erwischt wurde und kräftig blechen mußte.

11. W zeszłym roku byliśmy w Polsce i w tym jeszcze raz tam __________.
   Im letzten Jahr waren wir in Polen, und in diesem sind wir noch einmal dahin gefahren.

12. Najpierw __________ 4 przystanki autobusem, a potem 2 tramwajem.
   Zuerst fuhren wir 4 Stationen mit dem Bus und dann 2 Stationen mit der Straßenbahn.

13. Gdy __________ pod górę, szybkość spadła do 50 kilometrów.
   Als ich bergauf fuhr, sackte die Geschwindigkeit auf 50 Kilometer ab.

14. W ostatnią niedzielę __________ na plażę.
   Am letzten Sonntag sind wir an den Strand gefahren.

15. Musiałam z nim __________, żeby pokazać drogę.
   Ich mußte mit ihm fahren, um den Weg zu zeigen.

16. Chciał __________ na dwa tygodnie, ale dostał tylko tydzień urlopu.
   Er wollte für zwei Wochen fahren, bekam aber nur eine Woche Urlaub.

17. Trzeba było natychmiast __________ na policję, żeby zameldować o kradzieży.
   Man mußte sofort zur Polizei fahren, um den Diebstahl zu melden.

18. Cały czas __________ w milczeniu.
   Die ganze Zeit fuhren wir schweigend.

19. Gdzież on __________, że go tak długo nie ma?
   Wo ist er denn hingefahren, daß er so lange ausbleibt?

20. W zeszłym roku __________ częściej rowerem.
   Im letzten Jahr fuhr ich öfters mal mit dem Fahrrad.

21. Czym __________ do szkoły?
   Womit bist du zur Schule gefahren?

22. Zgodnie z planem __________ na urlop zupełnie sam.
   Wie geplant, fuhr er ganz allein in den Urlaub.

23. Wczoraj __________ od jednego sklepu do drugiego, żeby zebrać prospekty.
   Gestern fuhr ich von einem Laden zum anderen, um Prospekte zu sammeln.

24. Jak często ____________ wtedy do szpitala?
Wie oft bist du damals zum Krankenhaus gefahren?

25. Raz na miesiąc ____________ na badania lekarskie do kliniki.
Einmal im Monat fuhr ich zur ärztlichen Untersuchung in die Klinik.

26. Najpierw ______________ do centrum a potem na południe miasta.
Zuerst sind sie zum Zentrum gefahren und dann in den Süden der Stadt.

27. Lekarz namawiał mnie, żeby ___________ na urlop nad morze.
Der Arzt legte mir nahe, zum Urlaub an die See zu fahren.

28. Gdy ___________ wczoraj samochodem, słyszałam w radiu audycję o Polsce.
Als ich gestern mit dem Auto fuhr, hörte ich im Radio eine Sendung über Polen.

29. Rzadko ____________ samochodem i nie znał miasta.
Er fuhr selten mit dem Auto und kannte diese Stadt nicht.

30. Rysiek ____________ do piekarni po bułki.
Rysiek ist zum Bäcker gefahren, um Brötchen zu holen.

Schreiben Sie 15 Sätze auf, in denen "gegangen wird" (natürlich auf polnisch!). Die vorangegangene Übung hilft Ihnen sicher, denn bei "fahren" und "gehen" kann ähnlich verfahren werden. 196

iść	*- "am Gehen sein"*	*(unvollendet)*
chodzić	*- mehrmals gehen*	
pójść	*- einmal hingegangen sein*	*(vollendet)*

_ _

_ _

_ _

_ _

_ _

_ _

_ _

_ _

_ _

_ _

_ _

_ _

_ _

_ _

_ _

Lekcja 13

197 *Wie gut sind Sie im Erzählen in der Vergangenheit (Präteritum)? Berichten Sie möglichst ausführlich über Ihr letztes Wochenende. Sie verfügen ja schon über einen großen Wortschatz.*

Lekcja 13

D

198

Hören Sie genau hin, was der bestohlene Tourist auf der Polizeiwache sagt, und schreiben Sie es auf.

- ____

- Kiedy to się stało?

- ______________

- Gdzie znajdował się samochód?

- ____
____

- Niech pan powie dokładnie gdzie.

- ________________________________

- O której mniej więcej godzinie zaparkował pan tam samochód?

- ____
____
____
____

- Kiedy zauważył pan brak radia?

- ____
____
____
____

- Co to było za radio?

- ____
____

- Jaka to była marka?

- ____

- Szkoda.

- ______________________________

- Nie, szkoda, że 'Blaupunkt', bo mamy tu jedno radio, skradzione dziś w nocy, ale nie 'Blaupunkt'. Czekamy na właściciela, bo złodziej mówi, że nie pamięta, z którego samochodu je ukradł.

Lekcja 13

199 *Suchen Sie in diesem Kasten 22 Vokabeln, die Sie brauchen, um eine Person zu beschreiben.*

D	W	Y	S	O	K	I	D	E	Ś	R	E	D	N	I	E	G	O
H	R	U	Z	G	R	A	B	N	A	L	G	R	U	B	Y	E	W
O	J	B	C	H	U	D	Y	R	U	W	O	B	R	O	D	A	Z
K	P	S	Z	G	A	F	T	W	A	R	Z	I	U	K	J	P	R
S	B	R	U	N	E	T	K	A	T	E	A	B	D	R	B	W	O
W	R	I	P	R	Z	Y	S	T	O	J	N	Y	E	Ą	S	Y	S
M	Z	G	Ł	A	D	K	I	E	W	Ł	O	S	Y	G	K	G	T
Ł	Y	S	Y	J	E	R	Z	G	Ą	D	L	I	K	Ł	P	L	U
O	D	A	T	S	U	N	A	I	S	O	Z	W	T	A	L	Ą	T
D	K	O	F	I	G	U	R	A	Y	P	R	E	M	S	H	D	M
Y	A	N	B	L	O	N	D	Y	N	K	A	L	O	K	I	A	S

200 *Wie würden Sie diese Personen beschreiben?*

Von wem ist hier die Rede? Lesen Sie die Notizen genau durch und überlegen Sie, um welche weltbekannten Persönlichkeiten es sich handelt. 201

Urodził się w Hamburgu dwudziestego trzeciego grudnia tysiąc dziewięćset osiemnastego roku. Od pięćdziesiątego trzeciego roku był członkiem bońskiego parlamentu. Od tysiąc dziewięćset sześćdziesiątego dziewiątego do siedemdziesiątego drugiego roku był ministrem obrony, a od siedemdziesiątego drugiego do siedemdziesiątego czwartego ministrem finansów. Następnie pełnił funkcję kanclerza, którą utracił w jesieni tysiąc dziewięćset osiemdziesiątego drugiego roku.

....

Urodził się dwudziestego drugiego lutego tysiąc osiemset dziesiątego roku w Żelazowej Woli koło Warszawy. W tysiąc osiemset trzydziestym roku opuścił Polskę z powodu powstania i wyemigrował do Francji. Od wczesnego dzieciństwa zajmował się kompozycją. Nie dożył już sukcesu, jaki odniosła na świecie jego muzyka. Umarł na gruźlicę w wieku trzydziestu dziewięciu lat.

....

Urodził się dwudziestego pierwszego grudnia tysiąc dziewięćset siedemnastego roku w Kolonii. Krótko po wojnie zaczął pisać i został pisarzem sławnym na całym świecie. Od tysiąc dziewięćset siedemdziesiątego roku był prezydentem niemieckiego PEN centrum, a wkrótce potem prezydentem międzynarodowego PEN Clubu. Zdobył wiele nagród literackich, w tym w tysiąc dziewięćset siedemdziesiątym roku nagrodę Nobla.

....

Urodził się dwudziestego piątego października tysiąc osiemset osiemdziesiątego pierwszego roku w Maladze w Hiszpanii. Od najmłodszych lat pasjonował się malarstwem. Zdobył sławę na skalę światową jako przedstawiciel nowoczesnego malarstwa. Jego surrealistyczne, abstrakcyjne obrazy zapoczątkowały nowy kierunek w sztuce.

....

Urodził się dziewiętnastego lutego tysiąc czterysta siedemdziesiątego trzeciego roku w Toruniu. Uczył się i studiował na uniwersytetach w Krakowie, w Bolonii, Rzymie, Padwie i Ferrarze. Po powrocie do kraju został biskupem warmińskim i osiadł we Fromborku, gdzie spędził większą część swojego życia. Poświęcił się badaniom astronomicznym. Sławnym został po śmierci poprzez opublikowaną w tysiąc pięćset czterdziestym roku w Norymberdze książkę "De revolutionibus ..."

....

Nutzen Sie die Gelegenheit, um Zeitangaben zu üben. Notieren Sie am Rande alle Daten in Ziffern und unterstreichen Sie alle Wörter und Wendungen, die die Frage "wann?" beantworten.

Lekcja 14

Unfallzeugen befragen	- Gdzie państwo byli, gdy doszło do wypadku? - Co pani robiła w chwili wypadku? - Jak to się stało? - Jak doszło do wypadku? - Kto był świadkiem?
über einen Unfall berichten	- Gdy stałam na skrzyżowaniu, podjechał ... - Kierowca chciał skręcić, ale musiał zahamować. - Mercedes najechał na niego. - Samochód potrącił przechodnia.

C

202

Ein Polizist in Polen spricht mit Unfallbeteiligten. Vergleichen Sie die Schilderung mit den unten stehenden Angaben.

	tak	nie
Policjant pyta kierowcę Syreny, jak doszło do wypadku.	☒	☐
Kierowca Syreny jechał z żoną.	☐	☐
Przed wypadkiem jechał z szybkością 50 km na godzinę.	☐	☐
Przed skrzyżowaniem zahamował, bo było jeszcze czerwone światło.	☐	☐
Przed Syreną jechał Peugeot.	☐	☐
Kierowca Peugeota pokazywał, że chce skręcić w lewo.	☐	☐
Kierowca Syreny próbował go wyminąć z prawej strony.	☐	☐
Peugeot zmienił na skrzyżowaniu kierunek.	☐	☐
Kierowca Peugeota nie obejrzał się i nie zauważył, że wymija go Syrena.	☐	☐
Syrena wjechała w prawy bok Peugeota.	☐	☐
Obaj kierowcy nie są ranni.	☐	☐

Lekcja 14

203

Sie sind der Fahrer des Mercedes. Wie berichten Sie über diesen Unfall?

E

204

Was haben Sie nach dem Unfall getan?

Lekcja 14

G

205

Frau Jolanta Junak war Augenzeugin eines Unfalls in Polen und ruft die Polizei an. Was hat sich am Unfallort ereignet ? Numerieren Sie die Aussagen in der richtigen Reihenfolge.

- Proszę zaraz przyjechać ! Na E-8 zdarzył się wypadek samochodowy.
- Tak, ciężko ranni. Zaraz ma przyjechać pogotowie.
- Od Poznania, oczywiście !
- Proszę powiedzieć dokładnie - gdzie ?
- Czy pani była świadkiem ?
- Mieszkam teraz w Poznaniu na ulicy Szamarzewskiego 5, mieszkania 8.
- Zapiszę pani dane. Nazwisko ?
- Dziękuję. Radiowóz jest już w drodze.
- Czy są ranni ?
- 14 kilometrów skąd ?!
- Posterunek policji. Słucham.
- 14 kilometrów w kierunku na Warszawę.
- Jolanta Junak.
- Jak doszło do wypadku ?
- Dwa samochody osobowe zderzyły się na skrzyżowaniu.
- Tak, widziałam, jak do tego doszło.

H

206

Wenn Sie in Polen Autoteile brauchen, finden Sie in der Zeitung oft günstigere Angebote als im Fachhandel. In welchen Anzeigen werden die gesuchten Autoteile angeboten?

silnik B, ______
chłodnica ______
zderzak ______
opony ______
drzwi ______
szyby ______
skrzynia biegów
______

Giełda Samochodowa

A Sprzedam nowy zderzak i chłodnicę do samochodu marki FORD SIERRA (2.3). Gdynia, woj. gdańskie; tel. 25-31-68.

B Sprzedam nowy, nie używany silnik do samochodu marki FIAT 126 BIS. Tychy, woj. katowickie; tel. (0-3) 118-43-31.

C Sprzedam nowe aluminiowe felgi 215/55 R16, cena 22 mln zł oraz opony Michelin. Wrocław, tel. 619-521.

D Sprzedam prawą i lewą tylną lampę do samochodu marki MAZDA 323 F. Chojnice, woj. bydgoskie; tel. (0-531) 73-555.

E Sprzedam silnik 2.0i, 16V, Twin-Cam, plus cały osprzęt i skrzynia biegów, do samochodu marki NISSAN PRIMERA. Śrem, woj. poznańskie; tel. (0-667) 33-

F Sprzedam skrzynię biegów do samochodu marki SKODA OCTAVIA. Bydgoszcz,

G Sprzedam: szyby, drzwi, przednią maskę i fotele, kolumnę kierowniczą, skrzynię biegów, deskę rozdzielczą, chłodnicę do samochodu marki AUDI 80, rocznik '83. Środa Wlkp., woj. poznańskie; tel. (0-665)

H Sprzedam silnik ze skrzynią biegów (z kompletnym osprzętem), instalację i inne części do samochodu marki TOYOTA CARINA E, rocznik '92, cena 3 tys. DM. Goleniów, woj. szczecińskie; tel. (0-91)

I Sprzedam szyby do samochodu marki CITROEN CX. Szubin, woj. bydgoskie; tel. (0-52) 84-39-40.

J Sprzedam aluminiowe felgi do różnych typów samochodów. Trzebnica, woj. wrocławskie; tel. (0-71) 12-00-15.

K Sprzedam kpl. drzwi do samochodu marki OPEL KADETT (4-drzwiowy, rocznik '80-'84). Zdzisław Różański; ul. Różana 19, Paczków, woj. opolskie; tel. 317-197.

L Sprzedam przednie błotniki plastykowe, tylne progi, stopnie, kedrę błotnikową do samochodu marki VW GARBUS 1200, 1300, 1302, 1303. Wrocław, tel. 383-84.

M Sprzedam opony, 200-300 szt. tygodniowo, wszystkie przebrane, w bardzo dobrym stanie technicznym, cena 7 DM/szt. Rafał Smulski; Hannover, Niemcy, tel. (0-511) 604-25-17, od 21.00.

N Sprzedam elementy silnika 1.6GTI, zawieszenia i inne części do samochodu marki TOYOTA CELICA, rocznik '92. Kalisz Pomorski, woj. koszalińskie; tel. (0-

O Sprzedam silnik 1.6D po remoncie oraz blok z układem korbowo-tłokowym do silnika 1.5D, do samochodu marki VW PASSAT. Zduńska Wola, woj. sieradzkie; tel. 23-27-00.

P Sprzedam fabrycznie nowe opony (4 szt.) 215x70x14. Poznań, tel. (0-61) 682-484.

Lekcja 15

Verwunderung ausdrücken	- Co za okaz zdrowia! - Co za głowa!
etwas aufzählen	- po pierwsze ... - po drugie ...
eine Empfehlung geben	- Kto chce ... powinien dbać o ...

B

207

Lesen Sie, was der ältere Mann über sich erzählt, und ergänzen Sie die Lücken.

Wczoraj ________________ urodziny. Osiemdziesiąt lat mi stuknęło. _______________ mnóstwo gości. ________ dawni koledzy z pracy, sąsiedzi, no i rodzina. Wszyscy mi ________________ i ________ _____ o to, co ja _________, że zawsze jestem zdrowy i tak dobrze się trzymam. Co ja robię ? Sam nie _______, dlaczego tak jest. Lekarz mi ___________ nawet kiedyś, że ja się niezdrowo ____________ . Za dużo ________ chleba, kartofli i makaronu a za mało warzyw i owoców. Zalecał też, żebym uprawiał jakiś sport. _______________ nawet. Ale zaraz na początku złamałem rękę i zostawiłem ten sport. To dobre dla młodych. Ograniczam się do spacerów na świeżym powietrzu. __________________ w życiu, więc _________ teraz, na starość _________. Szkoda tylko, że mało śpię. Całe życie nie _______ czasu, żeby się wyspać, a teraz śpię po 5 najwyżej 6 godzin na dobę. Dłużej nie dam rady. Budzę się i koniec. A dnie są teraz strasznie długie. Widać mam pecha.

byli · odżywiam · napracowałem się · jem · muszę · gratulowali · zacząłem · przyszło · wiem · obchodziłem · miałem · odpocząć · powiedział · pytali · robię

Lekcja 15

208 *Mit welchen Körperteilen verbinden Sie diese Gegenstände ?*

....

....

....

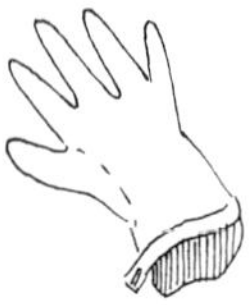

....

....

....

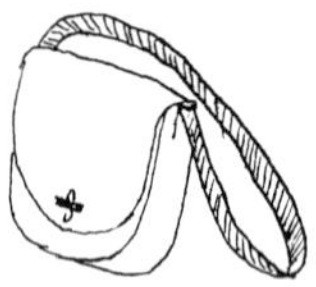

....

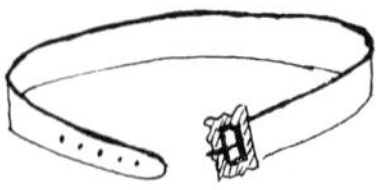

....

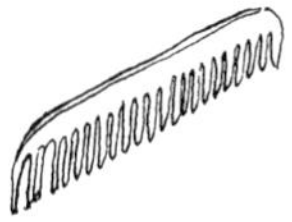

....

209 *Hier sind mehrere Bezeichnungen für Körperteile und Krankheiten versteckt. Suchen Sie sie.*

G	N	O	S	T	O	P	A	H	L	Ż	O	Ł	Ą	D	E	K	O	S	P	I	E	R	Ś
A	P	L	E	D	B	L	C	Ś	T	W	Z	L	G	O	R	Ą	C	Z	K	A	H	G	K
R	A	M	I	Ę	S	E	R	C	E	U	Ą	U	C	H	O	F	L	Y	B	R	O	D	A
D	L	Ó	F	N	P	C	Ę	N	O	P	B	D	O	M	O	N	Ч	J	O	Ę	N	H	T
Ł	E	N	L	O	F	Y	K	O	L	A	N	O	H	L	M	O	K	A	S	Z	E	L	A
O	C	Z	Y	G	N	T	A	S	B	R	Z	U	C	H	O	S	O	H	B	Ą	D	C	R

\- -

\- -

\- -

\- -

Lekcja 15

nach dem Leiden fragen	- Co panu dolega ? - Co pani jest ? - Co panią boli ? - Gdzie pana boli ? - Czy pani ma gorączkę ?
Beschwerden beschreiben	- Boli mnie głowa / ząb / żołądek / serce. - Źle się czuję. - Mam gorączkę / kaszel / katar. - Skaleczyłem się w rękę. - Złamałam nogę.

E

210

Welche Beschwerden haben diese Personen ? Wie klagen sie darüber ?

Strasznie kaszlę. Męczy mnie to już od wczoraj.

....

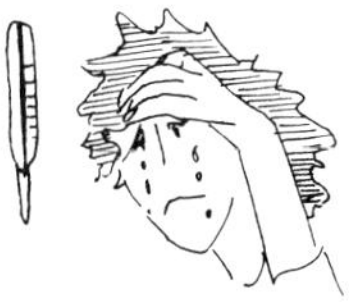

....

....

....

Lekcja 15

....

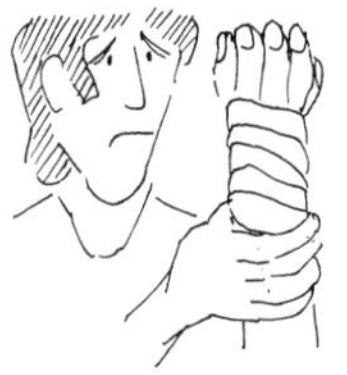

....

....

211 *Diese Art der Wortschatzübung kennen Sie. Was paßt hier nicht? Streichen Sie ein Wort in jeder Zeile.*

ręka - głowa - noga	muskuł - ręce - stopa
palec - ręka - szyja	włosy - głowa - pierś
brzuch - stopa - noga	palce - piersi - brzuch
nos - palec - oczy	szyja - gardło - nos
oczy - ucho - kolano	kolano - szyja - udo
głowa - ręce - szyja	gorączka - kaszel - oczy
żołądek - serce - broda	ramię - katar - kaszel
brzuch - stopa - kolano	uszy - nogi - kolana

212 *Welche Komplimente oder Aussagen beziehen sich auf Frauen und welche auf Männer? Kennzeichnen Sie sie mit den Buchstaben* **M** *und* **F**.

1. Jakie ładne oczy! (F)
2. Popatrz, co za brzuch!
3. Jakie szerokie ramiona!
4. Co za nogi! Aż po samą szyję!
5. Ma piękną, długą szyję.
6. Popatrz jaka wspaniała broda!
7. Co za muskuły!
8. Co za usta! Jak u Amora.
9. Jakie drobne stopy!
10. Jakie wielkie ręce!

Lekcja 15

Hören Sie sich das Gespräch beim Arzt an. Wonach fragt er ? Schreiben Sie es auf.

213

- ....

- Źle się czuję. Boli mnie głowa i brzuch.

- ....

- Nie wiem, nie mam termometru, żeby zmierzyc. Jestem tu tylko na urlopie.

- ....

- Tak. W nocy nawet wymiotowałam. Może się zatrułam ?

- ....

- Nic szczególnego. O szóstej wróciliśmy do hotelu,... potem była kolacja.... trwała trochę dłużej, tak, że dopiero koło północy poszłam spać.

- ....

- Prawie wcale. Po godzinie obudziłam się. Pociłam się, było mi mdło....

- ....
  ....

- Niewiele. Wzięłam tylko porcję tatara i zjadłam z chlebem i masłem.

- ....

- Różnie. Na początku kieliszek wódki na apetyt. Potem piwo do tatara..., później spróbowałam trochę jakiegoś węgierskiego wina deserowego, a na koniec znowu kieliszek wódki.

- ....
  ....
  ....

Lekcja 15

G

214

Besorgen Sie in der Apotheke die Sachen vom Einkaufszettel. Schreiben Sie das Gespräch mit dem Apotheker auf.

Lekcja 15

Was mag die Schwester am Krankenbett gesagt haben? 215

Wählen Sie die richtige Begründung dafür, warum Sie das alles jetzt nicht machen können. 216

Umiesz tańczyć ?

Umiem, ale teraz nie mogę, bo ....

Umiesz grać w tenisa ?

Umiem, ale ....

Umiesz śpiewać ?

Umiem, ...

Umiesz pływać ?

....

jestem przeziębiona boli mnie gardło mnie bolą nogi zwichnęłam sobie rękę

Lekcja 15

Vermutungen über Ursachen und Folgen äußern	- Gdyby pan Warski nie zatruł się, nie miałby bóli. - Gdyby dbał o zęby, nie musiałby iść do dentysty. - Gdyby była pogoda, poszłabym na spacer.

I

217

Der Glückspilz Lisiecki hat im Toto gewonnen. Welche Folgen hat das gehabt ? Lesen Sie die Geschichte und überlegen Sie, was falsch gelaufen ist. Schreiben Sie die Geschichte "rückwärts" im Sinne von "was wäre, wenn ...".

Bogdan Lisiecki wygrał w totka trzydzieści tysięcy złotych. Bardzo się ucieszył i natychmiast

zaprosił kolegów i znajomych do siebie, aby oblać tę okazję. Cały wieczór bawili się świetnie. Śpiewali, tańczyli no i oczywiście pili.

Bogdan też się nie oszczędzał i wypił w sumie około litra wódki.

Pijany trafił do łóżka gdzieś po drugiej w nocy. Nic dziwnego, że na drugi dzień rano zaspał.

Lekcja 15

Dlatego spóźnił się też na autobus do miasta.

Do pracy przyszedł dopiero po godzinie dziesiątej.

Ponieważ zdarzyło mu się to nie po raz pierwszy, dyrektor zwolnił go tym razem z pracy.

No i Bogdan jest teraz bezrobotny. Pech?

Bogdan nie byłby teraz bezrobotny, gdyby dyrektor nie zwolnił go z pracy.

Dyrektor nie zwolniłby go ...

_ _

_ _

_ _

_ _

_ _

_ _

Lekcja 15

218 *Was würden Sie machen, wenn Sie eine Million im Lotto gewonnen hätten? Schreiben Sie es auf.*

219 *Was würden Sie tun, wenn Ihnen so etwas passieren würde?*

1. Co by pan zrobił, gdyby pan spotkał na ulicy starego przyjaciela z czasów szkolnych?

2. Co by pani zrobiła, gdyby pani była świadkiem wypadku?

4. Co by pan zrobił, gdyby pan zostawił swoje dokumenty w autobusie?

4. Co by pani zrobiła, gdyby pani miała gorączkę?

5. Co by pan zrobił, gdyby pan przyjechał do znajomych w Polsce, a w domu nikogo by nie było?

6. Co by pani zrobiła, gdyby znalazła pani na ulicy 500 marek?

Lekcja 16

sich für etwas entschuldigen	- Przepraszam, że przychodzę tak późno. - Przepraszam, że się spóźniłam. - Przepraszam, że mnie nie było wczoraj.
die Umstände erklären	- ale musiałem zostać dłużej w pracy. - ale zegarek mi stanął. - ale byłam chora.
auf eine Entschuldigung reagieren	- Nie ma za co. - (Nic) nie szkodzi. - Nie ma o czym mówić.

A

220

Ordnen Sie das Gespräch und schreiben Sie es unten auf.

Już idę.

Ależ oczywiście!

właśnie przywieźli mi meble.

Czy to państwa samochód stoi naprzeciw wyjścia?

Dobry wieczór.

Tak, a co?

To bardzo miło z pana strony.

Bo widzi pan...

O, dziękuję.

Czy nie mógłby pan zaparkować go na godzinę gdzieś indziej?

Dobry wieczór.

Może mógłbym też jakoś pomóc?

Ja bardzo przepraszam, że przeszkadzam.

Ale chciałem się zapytać:

Chcielibyśmy podjechać wozem meblowym pod same drzwi.

- -

- -

- -

- -

- -

- -

- -

- -

- -

- -

Lekcja 16

221

Hören Sie sich die Gespräche auf der Cassette an. Aus welchem Grunde sind die Leute, die sich dort entschuldigen, zu spät gekommen?

ⓐ Sie hatten einen Unfall unterwegs.
ⓑ Als Zeugen eines Autounfalls mußten sie auf die Polizei warten.
ⓒ Sie haben unterwegs Bekannte getroffen und sich mit ihnen unterhalten.

ⓐ Der Bus fuhr nicht.
ⓑ Der Bus war hoffnungslos überfüllt.
ⓒ Der Bus kam mit großer Verspätung.

ⓐ Przemko zapomniał, że się umówił po pracy.
ⓑ Przemko wolał najpierw pójść do domu, a dopiero potem w gości.
ⓒ Przemkowi przypomniało się, że po pracy musi najpierw wpaść do domu.

222

Wann, wo, in welcher Situation sagt man das?

Przepraszam za kłopot, ale potrzebuję kawałek plastra.	na ulicy
Przepraszam, czy to pana ręcznik?	w kinie
Przepraszam, gdzie jest najbliższa budka telefoniczna?	przy telefonie
Przepraszam, gdzie można umyć ręce?	w sklepie spoż.
Przepraszam, czy ten chleb jest dzisiejszy?	u sąsiadów
Przepraszam, czy są jeszcze bilety na dziś wieczór?	w gościach
Przepraszam, pomyliłam się. Chciałam do informacji.	na plaży

B

223

Die Eheleute Sarnowscy wollten ihre Bekannten in Kiel besuchen. Bei Familie Kramer war schon alles für den Besuch vorbereitet. Aber Sarnowscy kamen nicht. Sie schickten ein Telegramm: "Niestety nie możemy przyjechać. Przepraszamy bardzo." Ja, aber warum ? Die Antwort enthielt erst der Brief - vier Wochen später.

Drodzy Państwo! Olsztyn, 4.8.1995

Aż mi wstyd, że dopiero dzisiaj do Państwa piszę. Miałam to zrobić krótko po telegramie, ale jakoś nie wyszło. Najpierw chciałabym gorąco przeprosić za ten kłopot z naszą wizytą. Na pewno niepokoili się wtedy Państwo, dlaczego nie przyjeżdżamy. Teraz już wszystko w porządku. Ale ten pechowy piątek przed naszym planowanym wyjazdem do Kilonii długo jeszcze będziemy pamiętać. Mój mąż pojechał tramwajem do miasta, żeby wymienić pieniądze w kantorze i wykupić polisę ubezpieczeniową na wypadek choroby za granicą. Wracając do domu zasłabł nagle w tramwaju. Pogotowie ratunkowe zabrało go szybko do szpitala. Lekarze najpierw myśleli, że to zawał serca, ale chwała Bogu okazało się, że nie. Do dziś nie wiemy, czy to wina tego pośpiechu i stresu przed podróżą czy też tego upału tego dnia, że po prostu zasłabł. Na drugi dzień wrócił ze szpitala, ale nie mogliśmy ruszać w drogę, bo niestety nie mieliśmy naszych dokumentów. Paszporty, prawo jazdy i wykupione ubezpieczenie zostały w torbie z zakupami w tamtym tramwaju i nie wiadomo było co się z nimi stało. Dlatego zrezygnowaliśmy z podróży. Dopiero tydzień później zadzwonili z policji, że ktoś im przyniósł naszą torbę. Brakowało tylko portmonetki. Ale tam były tylko drobne. Pieniądze na podróż miał wtedy mąż w kieszeni marynarki. Ucieszyliśmy się, że nie trzeba wyrabiać nowych dokumentów. Tylko nam szkoda naszej podróży. Tak bardzo cieszyliśmy się na ten wyjazd. I znowu nasz urlop spędziliśmy w mieście, w domu. A Państwo? Co robili

WARUM ...?

	tak	nie
- weil Sarnowscy ihre Pässe einen Tag zu spät bekamen		
- weil sie keinen Urlaub hatten		
- weil sie zu wenig Zeit für die Visabeschaffung einplanten		

Lekcja 16

D

224

Teilen Sie die Charaktereigenschaften in zwei Gruppen ein.

A. cechy pozytywne: ______________________________

____

____

____

B. cechy negatywne: ______________________________

____

____

Welche Eigenschaft bildet Ihrer Ansicht nach den besseren Gegensatz ?

1. miły -- bezczelny, arogancki
2. głupi -- wykształcony, mądry
3. złośliwy -- życzliwy, sympatyczny
4. skromny -- pewny siebie, próżny
5. opanowany -- spontaniczny, energiczny
6. ponury -- towarzyski, wesoły
7. tolerancyjny -- despotyczny, zazdrosny
8. nudny -- z polotem, zdolny

Welche der Eigenschaften paßt Ihrer Ansicht nach am wenigsten zum jeweiligen Charaktertyp ? Streichen Sie sie durch.

FUJARA
OFIARA - nerwowy, głupi, nudny, nieśmiały, energiczny, niezdolny

KANCIARZ - solidny, sprytny, bezczelny, pewny siebie, arogancki, bezczelny

GADULA - towarzyski, spontaniczny, serdeczny, wesoły, życzliwy, wykształcony

SNOB
BUBEK - próżny, zarozumiały, skromny, dumny, pewny siebie

225

Teilen Sie die vorgegebenen Eigenschaften in zwei Gruppen auf.

miły wyrozumiały rozsądny z polotem towarzyski
inteligentny serdeczny mądry koleżeński kreatywny
zdolny życzliwy wykształcony z poczuciem humoru

koleżeński	inteligentny

E

226

Bei der Beschreibung "Wer sucht wen" wiederholt sich in allen Anzeigen ein bestimmtes Kriterium. Welches ist es ?

MATRYMONIALNE

* Panna, ładna, 25 lat, szczupła, blondynka, wzrostu 166 pozna pana kulturalnego, miłego, do lat 40, kawalera lub rozwodnika, min.średnie wykształcenie. ARO 24980

PANNA, lat 25/174cm, z wykształcenie średnim pozna kawalera. Oferta A-1109, ANONSE GDYNIA.

KAWALER lat 28/170cm wzrostu, wykształcenie wyższe, pozna pannę lubiącą teatr, kino, dobrą książkę, spacery, podróże, muzykę. Oferta A-1114, ANONSE GDYNIA.

PRZYSTOJNY brunet, 29 lat/180/75, kawaler, bez zobowiązań i nałogów, wykształcony, niezależny finansowo, z mieszkaniem, pozna atrakcyjną dziewczynę w odpowiednim wieku. Oferta A-1102, ANONSE GDYNIA.

JEŚLI jesteś kobieca, miła, atrakcyjna, zadbana, zgrabna, nawet puszysta ale seksowna w wieku do 55 lat, posiadasz wykształcenie wyższe lub średnie, jesteś gospodarna, pracowita, zaradna, nie posiadasz nałogów, masz dobre serce, być może zawiodłaś się w życiu a chciałabyś poznać i zaprzyjaźnić się z atrakcyjnym, miłym wartościowym 40-latkiem 176/80 wyślij swoją ofertę lub podaj nr telefonu. Oferty 81-963

MŁODA lat 25, ładna, 164/60, wykształcona, o niebanalnej osobowości, szuka pana do lat 50, wykształconego, wolnego, interesującego, kulturalnego i majętnego, który zostanie jej mężem, przyjacielem i sponsorem. Tylko poważne oferty.

Tym kryterium jest :____________________

F

227

Wie positiv sind Ihre Ansichten und Eindrücke ? "Messen" Sie Ihre Emotionen mit Hilfe der Punkteskala.

(1) - nie (nie wiem) (2) - zgadza się (3) - o tak !!!

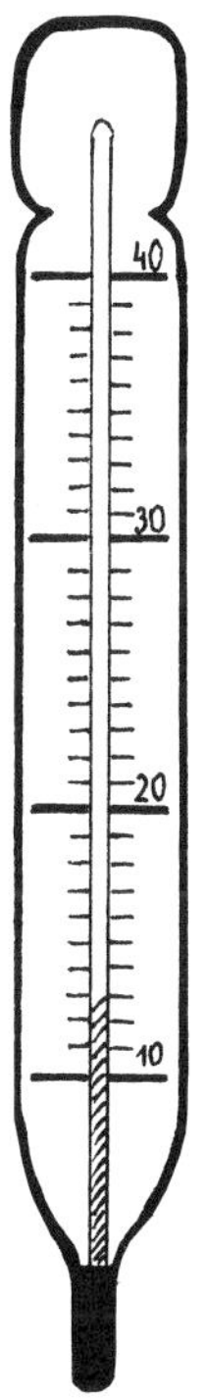

1 2 3 Polacy są gościnni.
1 2 3 Polacy są bezpośredni w rozmowie.
1 2 3 Polacy są otwarci i ciekawi świata.
1 2 3 Polacy interesują się polityką.
1 2 3 Polacy są wielkimi patriotami.
1 2 3 Polacy są bardzo religijni.
1 2 3 Polacy są bardzo zaradni (improwizatorzy).
1 2 3 Polacy pielęgnują tradycje rodzinne.
1 2 3 Polacy oczekują prezentów od gości z Zachodu.
1 2 3 Polacy są konserwatywni w sferze obyczajowej.
1 2 3 Polacy są leniwi w korespondencji.
1 2 3 Polacy są nietolerancyjni.
1 2 3 Polacy są niepunktualni.

.... punktów

Lekcja 17

über Zukünftiges sprechen	- Spotka cię niespodzianka. - On ci pomoże. - Będziesz musiał podjąć decyzję.
Ratschläge geben	- Słuchaj mojej rady. - Nie denerwuj się. - Zastanów się. - Zrób sobie krótki urlop.

A

228

Ordnen Sie die Aufforderungen nach den vorgegebenen Prinzipien. Dieselben Wörter können mehrmals benutzt werden. Schreiben Sie zu jeder Aufforderungsform (Imperativ) die Grundform (Infinitiv) dazu.

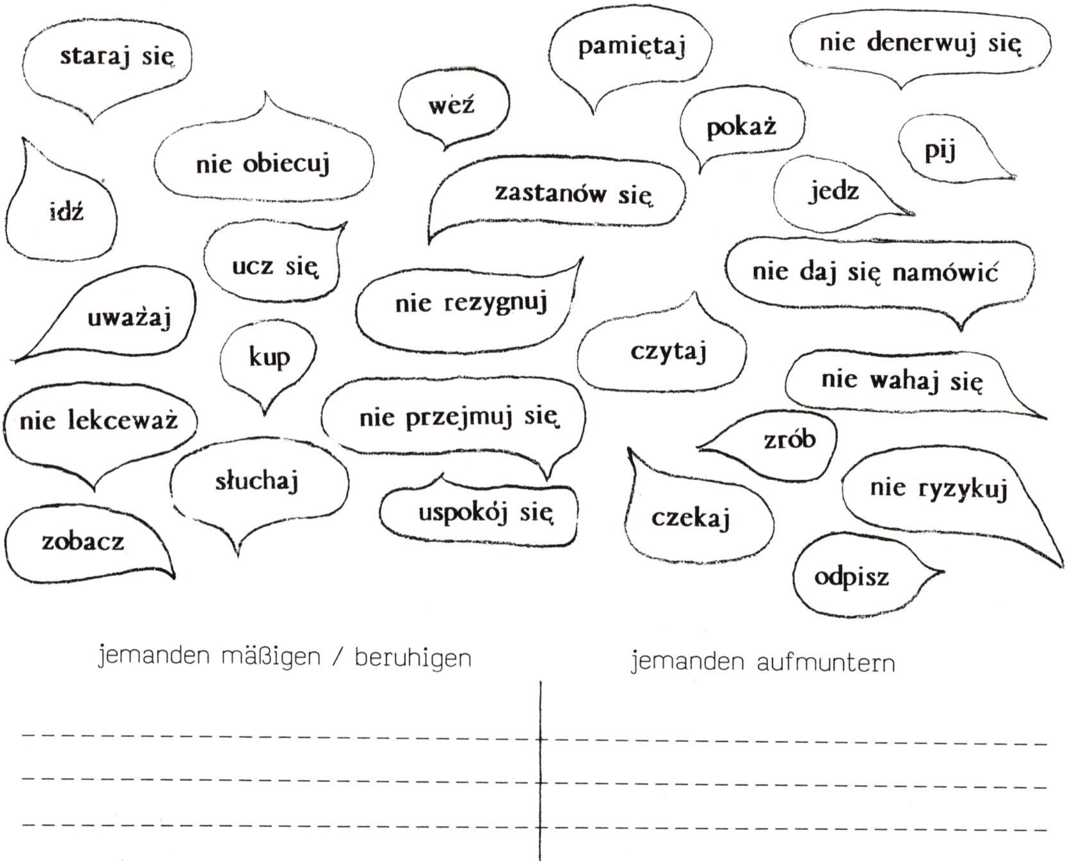

jemanden mäßigen / beruhigen	jemanden aufmuntern

Lekcja 17

zum Handeln auffordern	an den Verstand appellieren	jemanden warnen

Ergänzen Sie die Sätze. Die unten angegebenen Tätigkeitswörter (Verben) helfen Ihnen, den Sinn der Sätze zu erschließen. 229

Poszukaj w książce telefonicznej, jaki jest numer do Wiśniewskich.

____________ Stefana, czy będzie miał jutro po południu czas.

____________ parasol ze sobą, bo mówili w radiu, że będzie padać.

____________ mi, jak to się robi.

____________ dowiedzieć się, o której przyjeżdża pociąg.

____________ na nóż !

______ do diabła !

________ to sam. Dlaczego ja ?

__________ w walizce. Powinno tam być.

____________, że jutro musisz wcześnie wstać. Nastawić ci budzik ?

______________, czy ci się to opłaca.

Nie ________________ tak. Wszystko będzie dobrze. Zobaczysz.

Nic _____________ zbyt długo. Czas ucieka.

Nie ____________ namówić na tę wycieczkę, bo będziesz miała tylko kłopot.

uważać - poszukać - zapytać - zrobić - pamiętać
wziąć - zastanowić się - iść - wahać się - dać się
spróbować - zobaczyć - przejmować się - pokazać

Lekcja 17

230 *Was würden Sie in diesen Situationen sagen?*

Ermuntern Sie Ihren Bekannten, nicht allzu schnell aufzugeben.

....

Raten Sie Ihrer Bekannten, die Zeit am Nachmittag für ein Schläfchen zu nutzen.

....

Warnen Sie ein Kind vor dem Straßenverkehr.

....

Fordern Sie Ihren Bekannten auf, Ihnen einen Augenblick zuzuhören.

....

Empfehlen Sie Ihrer Bekannten, sich gut zu überlegen, ob es sich lohnt, mit ihrem Direktor zu streiten.

....

Trösten Sie Ihre Bekannte nach dem Verlust eines Ringes.

....

Fordern Sie Ihren Bekannten auf, die Briefe zu beantworten.

....

Versuchen Sie Ihren aufgeregten Bekannten zu besänftigen.

....

231 *Erzählen Sie, was Sie in Ihrem Horoskop gelesen haben, und distanzieren Sie sich gleichzeitig davon. Wie? Das angeführte Beispiel zeigt es Ihnen.*

> **Podobno** potrafię sobie zjednać ludzi, oczarować ich i zdobyć sympatię, ale **podobno** nie przywiązuję do tego wagi. Dlatego **mają** mnie **traktować** z rezerwą...
> **Mam nie szukać** ciągle nowych znajomości, tylko zbliżyć się do tych, których już dawno znam.
> Pod koniec miesiąca czeka mnie **podobno** jakaś przykra rozmowa.

- -

- -

- -

- -

Lekcja 17

B

232

Was für Aufforderungen oder Empfehlungen sollen hier weitergeleitet werden?

Der Vater packt im Schlafzimmer seinen Koffer für den bevorstehenden Familienurlaub. Er schickt die Kinder mit seinen Fragen zur Mutter im Wohnzimmer.

- Mama?! Ojciec pyta, ile ma zapakować koszul.
- ____________________. Nie mam ochoty prać na urlopie.
  ____________________, bo wieczorami może być zimno.
- Na wersalce leżą jeszcze ręczniki kąpielowe. Co z nimi?
- Ojej! Zapomniałam. Tu już nie ma miejsca. ____________________
  ____________________. Za godzinę powinniśmy ruszać w drogę.
- Zdążymy. Po co te nerwy? Przecież to wakacje.

Die Tochter erzählt ihrem Vater von einem Anruf. Die Arbeitskollegen der Mutter fragten nach einem Geschenktip für die Mutter.

- Tata? Dzwoniła pani Marysia. Wiesz, ta koleżanka mamy z pracy. Oni się tam zastanawiają, co by jej dać w prezencie na dziesięciolecie pracy.
- ____________________. Kwiaty są dobre na każdą okazję.
- Alez tato! Na ten pomysł to oni sami już wpadli. Ale co do tego? Same kwiaty to za mało.
- Czy ja wiem ... ____________________.
  Albo ____________________.
- Oryginalne to to nie jest. Pójdę zapytać babci. ____________________

233

Die folgenden Bitten werden direkt an die betroffenen Personen gerichtet. Formulieren Sie sie als Bitten in einem vertrauteren Ton um.

Proszę stanąć koło apteki. - *Niech pan stanie koło apteki.*

1. Proszę mi powiedzieć, jak tam dojść. - ____________________
2. Nie wiem, proszę zapytać policjanta. - ____________________
3. Proszę mi pokazać tamte kozaczki. - ____________________
4. Najlepiej zadzwonić do mnie do pracy. - ____________________
5. Proszę przyjść do mnie do domu. - ____________________
6. Ależ proszę państwa, proszę się nie denerwować. - ____________________
7. Proszę nie mówić, że nie mają państwo czasu. - ____________________
8. Proszę na nas chwileczkę poczekać. - ____________________
9. Mamusiu, poczytaj mi bajkę! - ____________________
10. Tatusiu, napraw mi rower! - ____________________

Lekcja 17

C

234

Ergänzen Sie die Sätze. Benutzen Sie folgende Tätigkeitswörter (Verben), die sich auf die Zukunft beziehen.

będzie padać ~ spotkasz ~ będzie ~ zobaczysz ~ będziesz miała ~ będzie ~ dowiesz się

Napisz proszę, jak tylko ______________, gdzie oni teraz mieszkają.

Jeśli ______________ gdzieś album o Krakowie, kup mi proszę.

Jeśli ____________ kiedyś Tomka, powiedz mu, że mam do niego prośbę.

Zadzwoń do mnie, jak ___________________ czas. Dobra?

Idź na plażę, jeśli _________ pogoda, a jeśli ________________ zacznij nareszcie przygotowywać się do egzaminu.

Jeśli _________ tam Marek, pozdrów go ode mnie.

235

Schreiben Sie in diesem Brief, welche Pläne Sie für den kommenden Sommer haben, und wie Sie Ihren Urlaub verbringen möchten.

Lekcja 18

Finden Sie im Text 12 Formulierungen in der Passivform und unterstreichen Sie diese.

B

236

Miejski Dom Kultury oferuje bogaty program w dziedzinie rozrywki, sportu i kształcenia. Stoi otworem codziennie i dla każdego. Przed południem prowadzone są głównie zajęcia dla młodzieży szkolnej. W sali gimnastycznej odbywają się regularne treningi lub rozgrywane są mecze piłki ręcznej i koszykówki. Na pływalni również organizowane są często zawody pływackie. Dla młodszych dzieci zawsze są przygotowane pomieszczenia, gdzie mogą pod okiem pedagoga pomajsterkować, szyć kostiumy dla teatrzyku „Marionetka" albo po prostu odrabiać lekcje. Przy ładnej pogodzie wykorzystywany jest też plac przed Domem Kultury do jeżdżenia na deskorolkach, które tu można wypożyczyć. W niedziele organizowane są też raz w miesiącu wycieczki do ZOO lub do lasu.
Po południu oczekiwani są u nas głównie uczestnicy naszych licznych kursów. Chętnie odwiedzana jest też nasza biblioteka. Do Klubu Dobrej Książki przy bibliotece zapraszani są w każdy czwartek pisarze, dziennikarze lub czasami lokalni politycy na spotkania z mieszkańcami naszego miasta.
W sali kinowej wyświetlane są we wtorki i piątki znane filmy dla amatorów klasyki. W inne wieczory pokazywane są aktualne filmy dla młodzieży. Poza tym w każdą sobotę miesiąca odbywają się koncerty, na których prezentowana jest muzyka rockowa znanych grup z kraju i zagranicą.

237

*Markieren Sie die Sätze, die von vergangenen Ereignissen sprechen, mit **V**, und die Sätze über Zukünftiges mit **Z**.*

Piotr Malik zgłoszony został na kandydata w wyborach do Senatu.	☐
Od wiosny sprawy meldunkowe załatwiane będą w nowym budynku.	☐
Dlaczego on tak został nazwany?	☐
Czy zostały już naprawione drzwi do garażu?	☐
Na początku swojej wizyty premier zostanie przyjęty przez prezydenta.	☐
Jako dziecko byłam często zabierana na spacer do ogrodu botanicznego.	☐
Ten reportaż został zrealizowany na zamówienie redakcji "Polityki".	☐
Od nowego roku rachunki za prąd i gaz nie będą już płacone na poczcie.	☐
Stefan zdał egzaminy na studia i został przyjęty na I. rok prawa.	☐
Kiedy zostanie zakończona budowa autostrady Północ - Południe?	☐

238

Formulieren Sie die Sätze um und verwenden Sie dabei die Passivformen.

Na jubileusz naszej firmy zaprosiło się nawet burmistrza.
Na jubileusz naszej firmy zaproszony został nawet burmistrz.

1. Jeszcze kilka lat temu Dzień Kobiet obchodziło się w każdym zakładzie.
____

2. Początki jego kariery opisano w książce "W drogę".
____

3. Nowe maszyny zakupiono tym razem w USA.
____

4. Przez ostatnich 30 lat domy mieszkalne budowało się głównie z betonu.
____

5. W czasach po wojnie przyjmowano do pracy każdego.
____

Lekcja 18

C

239

Lesen Sie die Zeitungsnotiz über den Besuch einer polnischen Gruppe in der Bundesrepublik. Schreiben Sie in Stichworten auf, wie der Aufenthalt verlaufen ist.

Wczoraj powróciła z Niemiec delegacja naszych mieszkańców. W ramach wymiany partnerskiej pojechała tam grupa 60 osób z bogatym programem kulturalnym. Orkiestra Kameralna Szkoły Muzycznej przygotowała koncert, gdzie zaprezentowała muzykę Chopina, Szymanowskiego i Lutosławskiego. Grupa 5 aktorów naszego Teatru Eksperymentalnego pokazała znaną nam już pantomimę na temat samotności człowieka w dzisiejszych czasach. W ramach naszego programu zaprezentowane też zostały dwa polskie filmy zaliczane do klasyki kina powojennego. Zaproszeni na nie byli zarówno uczniowie szkół średnich jak i dorośli. Po projekcji filmów prof. Janusz Plisiecki, nasz ekspert w dziedzinie estetyki filmu, poprowadził dyskusję o głównych motywach tematycznych w polskim filmie lat 70-90. Dom Kultury przygotował wystawę grafiki współczesnej artystów naszego regionu. Grafika wystawiona została w sali ratusza miejskiego i była bardzo pozytywnie przyjęta przez lokalną krytykę. W czasie pobytu planowane też były zawody sportowe między klubami sportowymi naszych miast oraz mecz piłki nożnej między dziennikarzami polskiej i niemieckiej strony. Niestety, z powodu złej pogody zawody zostały odwołane a mecz został przeniesiony do sali gimnastycznej jednej ze szkół, gdzie rozegrany został przy małej publiczności z wynikiem 4:6 dla gospodarzy. Nasi koledzy z redakcji przygotowują się już do spotkania rewanżowego za rok, gdy podejmować będziemy gości z Niemiec u nas.

przygotowano koncert / zaprezentowano muzykę Chopina ... /

D

240

Stellen Sie sich vor, daß Sie bei der Ankunft der polnischen Gruppe in Deutschland dabei waren und den Organisatoren bei der Begrüßung als Dolmetscher geholfen haben.

Begrüßen Sie sie herzlich in unserem Namen und sagen Sie, daß wir uns sehr über ihre Ankunft freuen.	- Dzień dobry państwu. Jestem tłumaczem i w imieniu gospodarzy ...
Fragen Sie sie nach der Reise.	-
Fragen Sie nach dem Leiter der Gruppe.	-
Sagen Sie, daß Herr Karst die Jugendlichen gleich ins Internat mitnehmen wird.	-
Alle anderen Gäste wohnen privat bei Familien. Die Gastgeber warten schon hier und werden gleich ihre Gäste zu sich nach Hause mitnehmen.	-
Wünschen Sie ihnen zum Schluß einen angenehmen Aufenthalt in unserer Stadt.	-

Lekcja 18

Herr Palmer spricht mit seinem Chef. Ergänzen Sie die Lücken in dem Dialogtext. Benutzen Sie dazu die angegebenen Formulierungen.

241

/A/ Jak się dobrze zastanowić /B/ No pewnie /C/ Mam pomysł /D/ łatwo /E/ A to dopiero /F/ Obawiam się /G/ nie zapomina /H/ Mam na myśli /I/ dadzą sobie radę /J/ nie jest najlepiej /K/ Zależy nam /L/ coś wymyśli

- ______________________!!! Chce pan zmienić pracę?
- Nieee. Nie jest aż tak źle. ______________ urlop. Z moim zdrowiem __________ ______________________. Wyjazd na trzy tygodnie dobrze by mi zrobił.
- A to co innego. Ale nie będzie __________. Pan wie, że termin dostawy jest pod koniec miesiąca. ________________ na tym, żeby się nie spóźnić.
- Wiem, ale jestem pewien, że w biurze ________________________ i beze mnie.
- _______________, że nie. Niech pan __________________, że pan Biesiak idzie na urlop. I że pan Malinowski jedzie na szkolenie a pan Wroniuk musi zająć się teraz tym nowym projektem dla Austrii.
- No ale musi być jakieś wyjście!!!
- ____________! Nie ma rzeczy niemożliwych. Na pewno pan _______________.
- _______________. Zapytam Biesiaka, czy się ze mną zamieni urlopem.
- No widzi pan! A nie mówiłem, że __________________________, to zawsze jakieś wyjście się znajdzie. Niech go pan zapyta.

Finden Sie die richtige Reihenfolge der Sätze.

242

- [ ] Polskiej firmie zależy na terminie dostawy już w bieżącym roku.
- [ ] Pan Sarzyński przyjechał do firmy w RFN-ie, aby zamówić dla swojej firmy w Polsce oczyszczarkę strumieniową.
- [ ] Pan Sarzyński może zrobić szkice rysunków techniczych tych elementów.
- [ ] Obawiał się, że gdyby wiózł ze sobą swoje próbki, to mógłby mieć kłopoty na granicy.
- [ ] Ale to nie wystarczy, żeby na tej podstawie przygotować wstępną ofertę.
- [ ] Zamiast próbek przywiózł ze sobą tylko prospekty ze zdjęciami.
- [ ] Dlatego polska strona postara się jak najszybciej dostarczyć swoje elementy do Niemiec.
- [ ] Inżynierowie niemieccy uważają, że prospekt nie zastąpi praktycznego przykładu.

Schlüssel zu den Übungen

1
– Czy pani mówi po polsku?
– Tylko trochę.
– A jak pani się nazywa?
– Claudia Wilmer.
– Przepraszam, nie zrozumiałem. Jak?
– Claudia Wilmer. A pan? Jak pan się nazywa?
– Jestem Marek Kowalski.

2
/ się / Nie / przepraszam /
/ Dzień / Nazywam się (Jestem) / A /
/ Przepraszam, jak pan się nazywa? /
(czy może pan powtórzyć)
/ nazywasz / ty /

3
– Pani pozwoli, że przedstawię: moja mama.
– Suwalska Anna.
– Bardzo mi miło. Berger. A kto to jest?
– To moja córka, Elżbieta.
– Dzień dobry.

4
/ siostra / studentką / nauczycielką / Monika /

5
/ moja mama i mój syn / moja żona i mój syn /
/ mój mąż i moja córka / moja mama i mój brat /
/ mój ojciec i moja siostra /

6
/ Moja siostra jest bibliotekarką. / Mój mąż jest rolnikiem. / Moja żona jest sekretarką. / Moja... urzędniczką. / Moja... pielęgniarką. / Mój... prawnikiem. / / Mój... murarzem. / Mój... ślusarzem. / Moja... studentką. / Moja... gospodynią domową. / Mój... architektem. / Mój... rencistą. / Mój... malarzem. / / Mój... elektronikiem. / Moja...sprzedawczynią. / / Mój... mechanikiem. / Mój... dziennikarzem. / / Mój... lekarzem. / Moja... księgową. /

7
/ On jest ze Szwecji. / ... z Niemiec. / ... z Polski. / / ... z Francji. / ...z Austrii. / ... z Hiszpanii. /

8
2. Kim on jest? (Co on robi?) **3.** Co ona robi? (Czy ona pracuje?) **4.** Skąd oni są? **5.** Gdzie mieszkacie? (Gdzie państwo mieszkają?) **6.** Czy pani (pan) jest z Gdańska (z Warszawy, z...)? **7.** (Jesteście stąd? (Czy państwo tu mieszkają?) **8.** Czy pani/pan mówi po polsku? (Mówisz/Mówicie po polsku?)

9
1. – Czy można zapytać, skąd pani jest? – Jestem z Polski, z Opola. A państwo? – My jesteśmy (z RFN-u,) z Frankfurtu.
2. – Czy można zapytać, skąd są państwo? – My jesteśmy z RFN-u, z Kilonii. A pan (jest stąd)? – (Tak) Jestem z Częstochowy.
3. – Skąd jesteś? – (Z Polski) Ze Szczecina. A wy? – My jesteśmy (stąd,) z Düsseldorfu.
4. – Skąd jesteś? – (Z Polski,) Z Gdańska. A ty? – Ja jestem (z RFN-u,) z Koblencji.

11
/ Maria Przybylak pracuje w szkole zawodowej. / / ... w zakładach mechanicznych w Poznaniu. / / ... w domu handlowym w Bytomiu. / ... na budowie. / / ... w kopalni. /

12
1. – Mieszkam w Gdańsku. – Gdzie pani mieszka? – W Gdańsku.
2. – Jestem z RFN-u. – Skąd pani jest? – Z Berlina.
3. – To pan Wasiak. – Kim on jest? – Rolnikiem.
4. – Jestem dyrektorem. – Kim pani jest? – Dyrektorem.
5. – Nazywam się Jurczyk. – Jak pani się nazywa? – Elżbieta Jurczyk.
6. – On nazywa się Groński. – Kto to jest? – Tadeusz Groński.
7. – Jestem stąd. – Skąd pani jest? – Z Berlina.
8. – To mój brat. – Jak nazywa się brat? – Piotr.
9. – To pan Wasiak. – Kto to jest? – Pan Wasiak.
10. – On nazywa się Groński. – Kim on jest? – Dyrektorem.
11. – To mój brat. – Kim on jest? – Rolnikiem.
12. – Jestem stąd. – Gdzie pani mieszka? – W Gdańsku. /.../

13
/ zapytać / jak / Nazywam się (Jestem) / zrozumiałem / skąd / co / Jestem / kto / to / Nazywa się / kim / w /

14
1. jej, Jej **2.** jego **3.** jego, jego **4.** jej

16
/ biurokrata / Piotr Jankowski / też Piotr Jankowski / Balbina Jankowska / Teatrzyk Zielona Gęś /

17
1. dobry / słychać / Dziękuję / w porządku / u / wszystko /
2. Cześć / Cześć (Dzień dobry) / się / A ty / Też nie narzekam (Tak sobie, jako tako) /
3. Cześć / Jak / nie narzekam / ciebie /
(alle Antwortmuster sind hier möglich)

4. cześć/ masz / Dobrze (Nieźle, Nie narzekam, Tak sobie, Jako tako) / Też dobrze (nieźle,...) / **5.** leci / u ciebie / Bardzo dobrze (Nieźle,...) / **6.** Jak / dobrze (nieźle,...) / A / nie /

18
/ Przepraszam / się nazywasz / Skąd jesteś? / Co robisz? / Tutaj w Polsce? / A co studiujesz? / A pan? Kim pan jest? (Co pan robi?)

19
2. (Nie,) nie pracuję. **3.** (Nie,) nie mam (dzieci). **4.** (Nie,) nie mówię (po polsku). **5.** (Nie,) nie jestem (studentem). **6.** Co robisz?

20
prawda / nieprawda / nieprawda / prawda / nieprawda / prawda / nieprawda /

21
Niemie**c** / ma**sz** / pracuj**e** / jeste**ś** / zapyta**ć** / *Lösungswort:* Cześć

22
untereinander: 3, 1, 5, 4, 6, 2, 7, 8, 9

23
Czy są (Ma pani) / Wezmę / poproszę / zdjęć / Tak / bardzo

24
nie / tak / tak / nie / tak

27
Poproszę / widokówki / polecony / wszystko / Tak / bardzo / *Lösungswort:* poczta

28
1. auf einer Auktion in Wiesbaden **2.** 1851 **3.** ein amerikanischer Geschäftsmann

31
– Masz jutro wieczorem czas? – Jutro wieczorem? Dlaczego pytasz? – Mam urodziny. Kończę 45 lat.
– O, to tak jak ja! – Też masz jutro urodziny?
– Nie, ale też mam 45 lat. – No to przyjdziesz?
– Dobra.

32
– Czy można zapytać, ile pani ma lat? – Dwadzieścia trzy lata. – Tak mało?!

36
1. mapa, okienko, film, autobus, kiosk, widokówka, poczta, bilet, znaczek, list, gazeta, zdjęcie, lekcja, album **2.** kupić, pracować, mówić, zapytać, czekać, chodzić, dziękować, kosztować, mylić się, przepraszać, studiować, móc, zamówić, zadzwonić, odpowiadać, pamiętać, wiedzieć, powtórzyć

37
przepraszam – ja / chodzisz – ty / poproszę – ja / jesteś – ty / pracują – oni, państwo, one / studiujemy – my, ja i mój syn / mylę – ja / dziękujemy – my, ja i mój syn / mówią – oni, państwo, one / kupujemy – my, ja i mój syn / są – oni, państwo, one / mylę – ja /

38
1. numer, kontakt, list, kraj, kurs, krewny, urlop, czas, kiosk, język, tramwaj, autobus, znaczek, adres, wnuk, zawód **2.** godzina, rozmowa, informacja, mapa, znajoma, widokówka, gazeta, osoba **3.** zdjęcie, konto, obywatelstwo **4.** wakacje, ludzie, pieniądze, drobne, urodziny

39
waagerecht: gazeta, dlaczego, urodziny, informator, rozmowa, wieczorem, kraj, mapa, bilet, zadzwonię, widokówka, mało, szybko, kierunkowy, kupić, dużo
senkrecht: godzina, znaczek, kartka, dobra, język, zamówić, czas, często

40
Nasze / ładny / mała / ciemna / duży / jasny / szerokie / balkonowe / malutki / szczęśliwi / własne / nieurządzone / serdeczne /

43
1 a 5. Anzeige links **1 b** 8. Anzeige links
gitara: 4. Reihe, 2. Annonce / radiomagnetofon: 3/3
drzwi harmonijkowe: 4/5 domek z ogrodem: 1/2
kuchenka: 3/12

49
– Dzień dobry. Czy są jeszcze wolne pokoje? – Są.
– No to poproszę jednoosobowy. – Z łazienką czy z prysznicem? – Z łazienką. – Na jak długo?
– Na pięć dni. – Poproszę paszport. – Proszę.
– Pokój 119 na piętrze. Proszę klucz. – Gdzie jest winda? – Naprzeciw kiosku na lewo.

51
1. Na lewo, koło Ruchu i informacji (turystycznej).
2. Na prawo, obok cukierni (kawiarni).
3. Na lewo od recepcji, naprzeciw Ruchu.
4. Koło fryzjera (damskiego), naprzeciw kasy walutowej.

52
– Czy można obejrzeć mieszkanie? – Proszę bardzo. Tu obok jest kuchnia. – O! Jaka duża! I jak nowocześnie urządzona. – Tak. Tutaj też jemy. – Obok jest sypialnia? – Nie, łazienka. Sypialnia jest naprzeciw. Proszę. – Też jest bardzo duża i jasna. To duże mieszkanie.

53
nie / nie / tak / nie / tak / nie / nie / tak / nie /

55
– Proszę pani! – Proszę? – Poproszę o kartę!
– Proszę bardzo. Czy podać coś do picia? – Tak, po-

proszę sok z czarnej porzeczki. – Jest już tylko sok jabłkowy. Może być? – Nie, dziękuję. A jest woda mineralna? – Jest. – No to poproszę wodę mineralną. – Już podaję.

57
Poproszę o widelec, szklankę i sól. / ... o łyżkę, nóż i pieprz. / ... o talerz i szklankę. / ... o szklankę, łyżkę i pieprz. /

58
1. Poproszę sok pomarańczowy! – Niestety, nie ma. Jest już tylko woda mineralna. – Może być. Wezmę wodę mineralną.
2. – Poproszę herbatę cejlońską! – Niestety, nie ma. Jest już tylko herbata ekspresowa. – Może być. Wezmę herbatę ekspresową.
3. – Poproszę wódkę „Wyborową"! – Niestety, nie ma. Jest już tylko wódka „Żytnia". – Może być. Wezmę wódkę „Żytnią".

59
piwo / ... / wódka / wino / pepsi / herbata / szampan / kawa /

60
dla pana / dla mojej żony / Dla mnie / dla ciebie / dla niego / dla mnie / dla niej /

61
pieczeń wieprzowa, ciastko tortowe, sałatka pomidorowa, golonka pieczona, kotlet mielony, zrazy wołowe, budyń waniliowy

62
nie / tak / tak / tak / nie / nie / tak / nie / tak /

63
zupa pomidorowa, lody waniliowe, sok jabłkowy, lody czekoladowe, tort czekoladowy, ciastko tortowe, lody ananasowe, sok pomarańczowy

64
/ Proszę. / Proszę bardzo. Czy podać coś do picia? / Kapuśniaku już nie ma. / A co na drugie? / Z ziemniakami czy z makaronem? / A do tego? / Chce pani do tego surówkę z kapusty? Czy ogórek kiszony? / A co na deser? / Proszę bardzo. /

65
On zamawia: rosół, pierogi, lody waniliowe i kawę. Ona zamawia: zupę pomidorową, pieczeń, lody waniliowe i kawę.

67
kurczak / zrazy / bigos / pierogi / fasolka / woda mineralna / talerz / rachunek / herbata

69
barszcz z pasztecikiem, kapuśniak z ziemniakami, gołąbki z ryżem, herbata z cukrem, lody z sosem waniliowym

71
1. – Moja pieczeń jest za tłusta. A twój gulasz? – Też jest za tłusty.
2. Mój mielony jest nieświeży. A twoje gołąbki? – Też są nieświeże.
3. – Mój krem cytrynowy jest wspaniały. A twoje ciastko? – Też jest wspaniałe.
4. – Moje zrazy są bardzo dobre. A twój kurczak? – Też jest bardzo dobry.
5. – Moje piwo jest za ciepłe. A twoje wino? – Też jest za ciepłe.

72
Pierogi są (za) tłuste. / Ryba jest nieświeża. / Mięso jest za twarde. / Kawa jest (za) zimna. /

73
ryż / ziemniaki / budyń / lody malinowe / kisiel / chleb / bita śmietana /

74
Dla mnie piwo proszę. / Czy można prosić o kartę? / Jaka jest pieczeń? / Czy można zapłacić? / Jest Pepsi cola? /

75
Poproszę herbatę z cytryną. / Ja płacę za bigos z kartoflami. / Poproszę o kartę. /

76
waagerecht: kasza, barszcz, fasolka, karp, pieczeń, rosół, gołąbki, golonka, pierogi, groszek, kapuśniak, krupnik, makaron, naleśniki, kisiel, pieczarki, śmietana
senkrecht: kotlet, żur, sałatka, bigos, zrazy, lody, budyń

78
1. wypije (napije się) / Chętnie / nie piję (nie wolno mi pić, nie mogę pić, nie lubię) / (A to) chętnie. (Poproszę.) / **2.** zje / jadłam / **4.** jeszcze / Bardzo lubię pierogi. (Jestem bardzo głodny.) / **5.** jeszcze (trochę) / najedzony / Nie, dziękuję. / (Naprawdę) nie dam rady. / **6.** zje (spróbuje) / spróbuję (zjem) / Proszę bardzo.
7. nie wolno mi jeść (nie mogę jeść) / spróbuje / (A to) chętnie / trochę /

79
soku / mięsa / kawy / pieczeni / kurczaka / golonki / kremu / bigosu / rosołu / *Lösungswort:* Smacznego

80
Można prosić o jeszcze jeden talerz zupy? / ... o jeszcze jedną kromkę chleba / ... o jeszcze trochę masła / ... o jeszcze jeden plasterek kiełbasy (wędliny) / ... o jeszcze kawałek kurczaka / ... o jeszcze jeden kawałek (plasterek) sera / ... o jeszcze jeden kieliszek wina / ... o jeszcze jeden kawałek tortu / ... o jeszcze jedną filiżankę kawy / ... o jeszcze jedno piwo / ... o jeszcze jeden plasterek szynki /

81
Prawdę mówiąc nie przepadam za wódką. Wolałabym zamiast wódki kieliszek wina (szklaneczkę piwa, ...).
... nie przepadam za szynką (wędliną). Wolałabym zamiast szynki plasterek sera.
... nie przepadam za budyniem. Wolałabym zamiast budyniu trochę lodów (albo jedno jabłko, ...).

82
Wolałbym bez chleba, ... / Wolałabym bez cukru, ... / Wolałbym bez śmietanki, ... / Wolałabym bez soku (pomarańczowego), ... / Wolałabym bez cebuli, ... / Wolałabym bez (bitej) śmietanki, ... /

84
kilka listków świeżej kapusty. / pół kilo mielonego mięsa wieprzowego. / trzy filiżanki ryżu. / dwie duże cebule. / gołąbki. /

85
Bigos robi się z kiszonej kapusty i mięsa. / Kapuśniak ... z rosołu i kapusty. / Gołąbki ... z mielonego mięsa i ryżu. / Mizerię ... z ogórka i śmietany. / Wyborową ... z ziemniaków i cukru. /

87
śniadanie: *diagonal nach rechts* / obiad: *senkrecht, Mitte* / kolacja: *diagonal nach links unten, von der 3. Reihe an* /

89
1, 3, 4, 7, 9, 10, 11, 13, 14, 16, 17, 19, 20

90
– Poproszę kilo ogórków. – Czy to wszystko?
– Nie, wezmę jeszcze pół funta cebuli. – Pół czego? Pani pewnie chodzi o pół kilo? – Nie, to za dużo. Pół funta to znaczy 250 gramów. Jak to się mówi po polsku? – Aaaa, pani chodzi o 25 deko. Chwileczkę ... Proszę bardzo. Jeszcze coś? – Tak, czy chleb jest świeży? – Świeżego chleba już nie ma. Jest tylko nocny. – Szkoda. W takim razie proszę mi dać tylko pół. To wszystko, dziękuję. Ile płacę?

91
Poproszę pół chleba. / ... kostkę masła. / ... butelkę Pepsi coli. / ... główkę sałaty. / ... torebkę cukierków. / ... tabliczkę czekolady. / ... kilogram jabłek. / ... pudełko kakao. / ... słoik dżemu. / ... kawałek sera. / Poproszę jeden kawałek tortu, kieliszek (czerwonego) wina i szklankę wody mineralnej.

92
waagerecht: kostka, torebka, puszka, kawałek, tubka, pudełko *senkrecht:* słoik, butelka, paczka
Lösungswort: opakowanie

93
1. 2 kostki masła, śmietanę, 2 litry mleka, pół kilo żółtego sera
2. 10 bułek, kostkę margaryny, słoik dżemu wiśniowego, pudełko makaronu, kg kartofli, 10 jajek
3. mleczko kosmetyczne, tubkę kremu „Nivea“, tubkę pasty do zębów, karton proszku do prania, torebkę waty

94
ananas, śliwka, porzeczka, wiśnia, winogrono, truskawka, gruszka, pomarańcz, jabłko, agrest, wiśnia

96

B	J	A	B	Ł	K	A		W	I	N	O	G	R	O	N	A							O
A	J					G		I				R				N							R
N	E		C	Z	E	R	E	Ś	N	I	E	U	P	O	M	A	R	A	Ń	C	Z	E	Z
A	Ż					E		N				S				N							E
N	Y					S		I				Z			M	A	L	I	N	Y			C
Y	N					T		E				K	T	R	U	S	K	A	W	K	I		H
C	Y	T	R	Y	N	Y				Ś	L	I	W	K	I	Y							Y

97
1. cebula, pomidory **2.** kapusta, sałata, ziemniaki
3. groszek, fasola, marchew

98
słoik kompotu, majonezu / kostkę smalcu, margaryny, masła, mydła, / tubkę kremu, pasty do zębów / puszkę groszku, szynki, piwa / butelkę piwa, wina, mleka, wódki „Wyborowej“, szampana, wody mineralnej, szamponu / paczkę papierosów, cukierków / torebkę ryżu, cukru, cukierków, zupy w proszku, budyniu, kisielu / pudełko makaronu, proszku do prania, zapałek / kilo ryżu, cukru, chleba, sera, kiełbasy, szynki / kawałek tortu, chleba, kiełbasy, sera /

100
Ten płaszcz jest większy niż tamten. / Ta koszula jest większa niż tamta. / Ta sukienka jest mniejsza niż tamta. / Te spodnie są większe niż tamte. /

101
spodnie, sweter, płaszcz, kurtka, bluzka, sandały

102
1. Ta spódnica jest na mnie za długa. Czy ma pani krótszą? **2.** Ten sweter jest na mnie za duży. Czy ma pani mniejszy? **3.** Ta spódnica jest na mnie za krótka. Czy ma pani dłuższą? **4.** Te spodnie są na mnie za długie. Czy ma pani krótsze? **5.** Te buty są na mnie za duże. Czy ma pani mniejsze? **6.** Te pantofle są na mnie za małe. Czy ma pani większe? **7.** Ten kozak jest na mnie za szeroki. Czy ma pani węższe (kozaki)? **8.** Ta czapka jest na mnie za duża. Czy ma pani mniejszą? **9.** Ten kapelusz jest na mnie za mały. Czy ma pani większy?

103
Junge: Jestem większy od ciebie! *Mann:* Nieprawda. Jesteś mniejszy ode mnie. *Frau:* Jesteś już taka duża jak ja. *Mädchen:* Nieprawda. Jestem mniejsza niż ty.

105
Niebieskie buty nie pasują do zielonego płaszcza. / Czy można prosić o większy rozmiar? / Czy ma pani torebki brązowego koloru? / Chciałabym przymierzyć tamte kozaki (tamte pantofle). / Proszę mi podać tamte pantofle (tamte kozaki). /

106
koszula, płaszcz, buty, sukienka, spodnie, sweter, pantofel, sandały

107
Nie, nie moja. Moja jest tamta... a. / Nie, nie mój. Mój jest tamten... y(i). / Nie, nie moja. Moja jest tamta... a. / Nie, nie moje. Moje są tamte... e. / Nie, nie moja. Moja jest tamta... a. / Nie, nie mój. Mój jest tamten... y(i). /

108
białą (jasną) koszulę / ciemne (brązowe, szare) spodnie (dżinsy) / płaszcz w kratkę. /

109
mi / mi / mi / mi / ciebie / mi / ci (tobie) / ci / mi / mnie / mnie / ciebie / mi / ci (tobie, sobie) / ci / mi (ci) / mnie / się (go, ją, ich) / mi / mnie / ciebie / mnie /

110
większy / droższy / dłuższy / tańsze /

111
1. buty damskie, męskie i dziecięce, sandały, pantofle, kozaki **2.** stół, krzesło, fotel, wersalka, łóżko, szafa na ubrania, szafki kuchenne, regał, biurko, stolik **3.** chleb, bułka, rogalik, ciastko, tort **4.** jabłko, gruszka, wiśnia, czereśnia, śliwka, cytryna, pomarańcz, malina, porzeczka, agrest, truskawka, orzech, ziemniak, cebula, pomidor, ogórek, sałata, kapusta, marchew, fasola, groszek **5.** wata, (plaster, syrop) **6.** książka, album, słownik, mapa, plan miasta, (plakat, kalendarz, kaseta, płyta) **7.** cukier, cukierki, mąka, mleko, majonez, budyń, olej, napoje, herbata, kawa, kisiel, zupa w proszku, masło, margaryna, smalec, konserwy, mięso, kiełbasa, dżem, ryż **8.** sukienka, spódnica, bluzka, płaszcz, koszula, spodnie, szalik, czapka, rękawiczki, (krawat) **9.** krem, mleczko kosmetyczne, wata, mydło, pasta do zębów, szampon, (woda kolońska, perfumy) **10.** gazeta, (prasa), książka, widokówka, mapa, plan miasta, bilet, znaczek pocztowy, papierosy, zapałki, papier toaletowy, krem, pasta do zębów, film (klisza) do aparatu fotograficznego

112
2. je / W tym sklepie koło apteki (piekarni). **3.** ją / W tym kiosku koło sklepu z kosmetykami. **4.** je / W tym sklepie odzieżowym koło Samu (sklepu spożywczego). **5.** ją / W tej księgarni koło apteki (Samu). **6.** go / W tej piekarni koło meblowego. **7.** ją / W tym Samie koło księgarni (odzieżowego). **8.** je / W tym sklepie z obuwiem koło meblowego. **9.** je / W tym sklepie spożywczym koło księgarni. **10.** ją / W tej aptece koło sklepu warzywniczego. **11.** je / W tym sklepie kosmetycznym koło odzieżowego (Ruchu). **12.** je / W tym meblowym koło piekarni. **13.** go / W tym odzieżowym koło Samu. **14.** go / W tym Samie koło księgarni. **15.** je / W tym sklepie spożywczym koło odzieżowego.

120
Reihenfolge der Bilder: C – E – B – A – D – F

122
1. za / za **2.** przez / po / na (w) / do / na (w) / za **3.** do / na (w) / naprzeciw **4.** Na / ze / na (w) / do / po / na / naprzeciw **5.** Do / do / na (w) / do / na / za / obok **6.** przez / na (w) / za / na (w) / za

123
Jak trafić do centrum? / Czy dojdę tą ulicą do dworca? / Jak mam iść do muzeum? / Jak to daleko? /

124
Proszę minąć park i tam skręcić na prawo. / Chyba tak, ale proszę jeszcze kogoś zapytać. / Zaraz za rogiem, przed dworcem. / 100 metrów dalej. /

126
1. ... dwunastką. **2.** – Czy dojadę piątką do Ogrodu Botanicznego? – Nie, ... ósemką. **3.** – Czy dojadę trójką do ratusza? – Nie, ... siedemnastką. **4.** – Czy dojadę dwunastką do ZOO? – Nie, ... piątką. **5.** Czy dojadę ósemką do dworca? – Nie, ... trójką.

131
Jesień: od dwudziestego pierwszego września do dwudziestego pierwszego grudnia

133
– Masz czas siódmego marca po południu? – Siódmego marca? A jaki to dzień? – Piątek. – W piątek mam po południu trening. A dlaczego pytasz? – Mam urodziny i chcę zaprosić kilka osób na kawę i ciastka. – Szkoda, że po południu nie mogę. – A wieczorem, po treningu? – Chętnie wpadnę na chwilę.

134
wtorek: spotkanie w szkole, środa: kupić prezent dla Bożeny, czwartek: fryzjer, piątek i sobota: kongres, niedziela: imieniny u Bożeny

136
środę / czwartek / piątek / sobotę / niedzielę / niedzielę /

137
W sobotę nie mogę / praca / przyjeżdżam w poniedziałek / 24. 09. 95 / pociągiem 23.59

138
1. *seit dem 29. Juni* **2.** *jeder erste und letzte Samstag im Monat* **3.** *von 11.00 bis 19.00 Uhr*

140
dziesiąta dwadzieścia pięć / dziewiąta trzydzieści pięć / dwudziesta druga czterdzieści dziewięć / dwudziesta czterdzieści pięć / szesnasta pięćdziesiąt jeden / siedemnasta dziewięć / ósma czternaście /

141
poczta: 8.00–12.00 i 14.00–18.00 informacja: 5.00–23.00 sklep: 6.00–19.00 / 8.00–10.30 kawiarnia: 17.00–22.30 apteka: 10.00–18.00 kasa: 9.00–11.30 i 18.00–20.30 restauracja: 12.00–23.30

142
1. „Król Edyp" – dzisiaj o 19.30 / „Mieszczanin szlachcicem" – jutro premiera o 20.00 **2.** „Noc poślubna" – dzisiaj o 20.30 / „Domek trzech dziewcząt" – jutro też o 20.30 **3.** dzisiaj teatr nieczynny „Requiem" – jutro o 19.00 **4.** dzisiaj teatr nieczynny / „Jezioro Bodeńskie" – jutro otwiera nowy sezon, o 20.00

143
Eine der möglichen Lösungen:
1. – Jakie jest najbliższe połączenie do Kalisza? – O 3.18. – Czy to bezpośrednie połączenie? – Nie, z przesiadką w Poznaniu. – A ile trzeba czekać w Poznaniu? – 15 minut. – I o której jestem na miejscu? – O 13.33. – Dziękuję.
2. – O której godzinie odjeżdża pociąg do Bydgoszczy? – O 10.15. – Czy to pośpieszny? – Nie, osobowy. – A kiedy jest na miejscu? – O 19.51. – Dziękuję.

144
1. odjazd: 17.49, przyjazd: 21.54
2. odjazd: 9.03, przyjazd: 13.46

146
Reihenfolge der Sätze: 1, 9, 4, 3, 8, 11, 7, 2, 12, 10, 13, 6, 5, 16, 15, 14

148
... ze stanowisk: 9 / 14 / 4

150
Gdzie (dokąd) jedziesz? / Masz tyle pieniędzy? (Czy to nie za drogo?) / Dlaczego on płaci za twój urlop? /

151
wpół do dziesiątej / za dziesięć szósta / wpół do czwartej / druga / dwadzieścia po jedenastej / za dziesięć siódma / pięć po wpół do szóstej / za pięć wpół do dziewiątej /

152
1. Która / zegarek / masz / wpół do / Już **2.** powiedzieć / godzina / teraz / po / Muszę / za /

153
5.00, 6.30, 9.15, 14.30, 22.50

155
robię / wstaję / Jem / wychodzę / pracuję / Jestem / jem / mają / wracam / idę / powiedzieć / jestem /
5, 7, 3, 1, 6, 2, 4

156
1. zrozumiesz (b), rozumiesz (a) **2.** a, b **3.** b, a **4.** b, a **5.** a, b **6.** b, a **7.** a, b **8.** a, b **9.** a, b **10.** b, a **11.** b, a **12.** b, a **13.** b, a **14.** a, b **15.** a, b

157
unterbrochene Linie: przepraszam / przeszkadzam / znaczy / przesadzasz / odpowiada / czeka / piszę / dziękujemy / przypomina / rozumiem / mówisz / mają / proszę / kończy się / współczuję / mam / pamiętasz / czekam / cieszę się / uczę się /
doppelt unterstrichen: odwiedza / narzekasz / zamawiam / kończy się / jeździcie / jadam / szkodzą / cieszymy się / zaczyna się / palę / chodzimy /

158
1. obejrzeć, przyglądać się, widzieć, zobaczyć, pokazać (?), zwiedzać (?), zaglądać, **2.** chodzić, lecieć, jeździć, przychodzić, pojechać, przejść, jechać, wpaść, wstawać, dojść, iść, skręcić, pójść, dojechać, przejechać, wrócić, wysiąść, dojeżdżać, stawać, wyjeżdżać, wracać, odjeżdżać, ruszać, wskakiwać, wyjść, przyjść, wychodzić, stańąć, odwózić, **3.** zrozumieć, powtórzyć, wiedzieć, studiować, rozumieć, mylic się, uczyć się, nauczyć się, przypomnieć, czytać, pisać, zapomnieć, myśleć, porównać, zastanowić się, słuchać, uczyć, **4.** prachować, pisać, otworzyć, zamknąć, zgasić, włączyć, zapalić, podawać, zrobić, pokroić, podsmażyć, gotować, mieszać, przymierzyć, grać, posprzątać, przygotować, zmywać, sprzątać, prać, **5.** narzekać, dziwić się, podobać się, woleć, przesadzać, lubić, przepadać, współczuć, ucieszyć się, cieszyć się, śmiać się, skarżyć się, **6.** mówić, powtórzyć, zapytać, poprosić, odpowiadać, pytać, zamówić, polecać, prosić, żartować, gadać, powiedzieć, dyskutowacć, skarżyć się, narzekać, **7.** podawać, zamówić, polecać, smakować, wypić, pić, spróbować, zjeść, napić się, pokroić, podsmażyć, gotować, mieszać, przypalać się, najeść się, przytyć, schudnąć, zmywać,

159
1. obudzić się, wstać, umyć się, ubrać się, zjeść śniadanie **2.** poprosić o kartę, polecać zrazy, zamówić, czekać, podać, jeść, smakować, kosztować, płacić
3. wejść do sklepu, oglądać buty, zapytać o numer, przymierzać, zapłacić, wyjść ze sklepu

161
leżec / przyjeżdżać / dać / odpoczywać / kupować / pić / chcieć / pytać /

163
fotografować / robić zakupy / dzwonić / poprosić / oglądać / sprzątać / przejść się / przymierzyć /

164
już / jeszcze / dopiero / już / już / dopiero / jeszcze /

167
muzyką rockową. / teatrem amatorskim / filatelistyka. ... spędza ze znaczkami. / sportem. Trenuje / Filmem, teatrem, muzyką, innymi rzeczami /

169
1. wędrować, pływać, zbierać znaczki **2.** podróżować, słuchać radia, łowić ryby, oglądać filmy **3.** oglądać telewizję, grać w tenisa, odpoczywać, robić zdjęcia, żeglować, (malować)

170
zapraszać gości, przygotowywać jedzenie, śpiewać, spotykać się w kawiarni, dyskutować, tańczyć, opowiadać sobie, co nowego, pokazywać przeźrocza z urlopu, grać w karty, plotkować, iść w gości, dawać prezenty, obchodzić imieniny, wychodzić z innymi do teatru lub kina, pić / SPORT /

171
1. *Ballettaufführung „Zapamiętaj zapach morza"* **2.** *morgen um 13.30 Uhr im Dom in Frombork und am Montag um 17.00 Uhr im Dom in Elbląg* **3.** *am 26. des Monats um 19.00 und am 27. um 11.00 Uhr in der Filharmonia Bałtycka* **4.** *am nächsten Montag* **5.** *Musik von Mozart, Tschaikowski, Bizet* **6.** *im Teatr Muzyczny in Gdynia und in der Sopoter Waldoper* **7.** *im Teatr Dramatyczny in Elbląg* **8.** *am 15. des Monats um 19.00 Uhr im Dom Kultury des Stadtteils Morena* **9.** *André Hübner-Ochodlo im Theater „Atelier" in Sopot* **10.** *weil die Karten für diesen Monat ausverkauft sind* **11.** *in Gdańsk im Kino Gedania am Sonntag, in Gdynia im Dom Rzemiosła (Handwerkskammer) am Samstag* **12.** *in der Galeria Grafiki i Rysunku in Gdynia* **13.** *Sehenswürdigkeiten in der Altstadt in Gdańsk* **14.** *Keyboards, Geige und Gitarre* **15.** *„Salon elbląski 1985"* **16.** *in dem Tanzklub „Top" der Kriegsmarine in Gdynia* **17.** *sieben* **18.** *am Samstag und Sonntag um 19.30 Uhr*

173
Robienie list... / Tłumaczenie tekstów... / Przepisywanie tekstów... / Częste słuchanie kaset... / Powtarzanie 3kaset... / Powtarzanie za... / Nagrywanie na... / Pisanie listów... / Czytanie gazet... / Rozmawianie z Polakami... /

174
1. *„Lingwista-Oświata" (ähnlich wie VHS)* **2.** *fünf Wochen* **3.** *für Anfänger* **4.** *ab 1. Juli, vormittags*

175
brakujące słowo, znaczące słowo, interesująca książka, mówiący komputer, piszący automat, lampa stojąca, jadący samochód, wracający autobus, denerwująca sytuacja

176
Mögliche Kommentare: W kawiarni tańczą młodzi ludzie, a dalej widać mężczyznę, który śpiewa do mikrofonu. / Przed kioskiem Ruchu stoi mężczyzna i chyba coś kupuje. A może tylko zmienia pieniądze na drobne? / Na balkonie na pierwszym piętrze widać 4 starsze osoby, które grają w karty. / A na balkonie za rogiem widać kobietę, która się opala. Pewnie chce wrócić z urlopu całkiem brązowa. / A na balkonie na trzecim piętrze zabawia się grupa ludzi, którzy grają na gitarze, śpiewają bardzo głośno i piją alkohol. Na pewno obchodzą czyjeś imieniny. / Na czwartym piętrze widać przez okno w łazience kobietę, która się kąpie (bierze prysznic). Na pewno zapomniała spuścić żaluzje. / Na dole stoi młody mężczyzna, który wrzuca list do skrzynki pocztowej. Do kogo ten list może być? / W budce telefonicznej widać chłopca, który rozmawia z kimś przez telefon. Chyba ma dużo czasu. / Przed kioskiem z lodami widać kolejkę. Stoi tam czwórka dzieci i jedna kobieta. / A tu widać chłopaka, który próbuje nauczyć się grać w tenisa. / Chłopak z aparatem fotograficznym stoi przed wędkarzem z wielką rybą i próbuje mu zrobić zdjęcie. / Na brzegu jeziora widać trzy osoby grające w piłkę. / Na ławce przed domem siedzi mężczyzna i czyta gazetę. / Na drodze widać dziewczynkę jadącą na rowerze. Pewnie wraca z lasu. / Zaraz za domem widać mężczyznę w dresie sportowym, który biegnie w kierunku lasu. / A pod lasem widać mężczyznę zbierającego grzyby. / Koto huśtawki trzy osoby, któręsie zastanawiają, co robić. / Na parkingu widać mężczyznę, który przygotowuje się do odjazdu pakując, walizki do bagażnika samochodu. Na pewno cieszy się, że już wraca do domu. /

177
który / która / który / którzy / która / którą / które / który / którego / która / którzy / którzy / która /

178
dla niej / od niego / na niego / z nią / o niej / do niego / z nim / na niego / po nią / do niego / z nią / o nim / z nim / od niej / na nią / dla niego / o nim /

179
1. *Ventus* **2.** *Balticana* **3.** *in Kąty Rybackie* **4.** *bei Orly oder Ventus* **5.** *Fahrrad, Schlafsack, Matratze, Proviant für 2 Tage* **6.** *Kaszuby und Bory Tucholskie* **7.** *spazierengehen, angeln, Waldfrüchte pflücken, reiten, mit Einspänner fahren, radfahren* **8.** *Baugenossenschaft Budowlani* **9.** *bei „Agencja Informacji Turystycznej" in Gdańsk, ul. Długa 45* **10.** *zwischen September und Dezember* **11.** *8 Tage* **12.** *Mai/Juni in Łupawsk bei Bytów* **13.** *Roki-Trans aus Gdansk-Wrzeszcz* **14.** *Ventus, in Österreich und Slowakei* **15.** *Ventus und Balticana*

180
Reihenfolge der Abschnitte: D – B – E – C – A

184
tak / nie / tak / tak / nie /

185
1. Dzjękuję, już wypiłam. **2.** Juz kupiłem rano. **3.** Myślę, że już zrozumiałam. **4.** Już mu wczoraj podziękowałem. **5.** Dziękuję, zjadłem już. **6.** Zadzwoniłam już przed chwilą. **7.** Już nie, bo właśnie kupiłam. **8.** Nie, nie trzeba. Już się sama przedstawilam.

9. Już odpisałem wczoraj. **10.** Już je sobie zapamiętałem.

186

Spotkałam właśnie Manfreda. / ... Miałem po prostu wczoraj pecha. Najpierw wstałem późno, bo w nocy długo nie mogłem spać. Zamiast śniadania zjadłem więc obiad i /.../ Jego żona nie wiedziała też, kiedy wróci. /.../ Była ładna pogoda, więc ruszyłem pieszo na stadion. Niestety spóźniłem się i nie dostałem już biletu. Próbowałem wejść na drzewo, /.../ ale drzewo było za słabe...

187

Mögliche Ergänzungsvorschläge: Moja kochana Niusieńko! Jaka szkoda, że Cię tu ze mną nie ma. Wczoraj wieczorem dzwoniłem do Ciebie, ale nikogo nie było w domu. Zastanawiam się teraz, co robiłaś. Bez Ciebie mój urlop tutaj jest strasznie nudny. Mówię Ci, dzień w dzień to samo. Wczoraj na przykład wstałem dopiero po dziesiątej, bo przed południem i tak nie ma nic do roboty. Poszedłem więc na spacer nad morze i myślałem cały czas tylko o Tobie, Niusieńko. Jestem tu taki sam! Na obiad nic nie jadłem, bo zupełnie nie mam tutaj apetytu. Nie wiem, dlaczego. Po obiedzie znowu nic nie robiłem. Siedziałem cały czas na balkonie i czytałem wszystkie stare listy od Ciebie. Twoje listy są naprawdę cudowne! Można je czytać po sto razy. Bardzo mi się podobają. Wiem, że nie lubisz pisać listów i dlatego tak rzadko piszesz tu do mnie. Szkoda! Chciałbym mieć tu codziennie list od Ciebie i wiedzieć dokładnie, co robisz, co czujesz, co myślisz.

189

poszedłem, wypiliście, napisaliśmy, zarezerwowałam, poszłam, kupił, zrobiła, miałem, zrozumiałam, zadzwoniłeś, byliście, jadłam

190

My dwie poszłyśmy wczoraj do kina. Wiśniewscy / państwo byli u nas dziś rano. Państwo napisaliście tylko jeden list. Rzeczy / córki / dzieci leżały na plaży. My / Piotr i ja dzwoniliśmy już do was. Wiśniewscy / państwo spóźnili się na kolację. Córki / dzieci zaprosiły nas do restauracji. My dwie nie zrozumiałyśmy go. Państwo wypiliście całe wino? Córki / dzieci bawiły się na dworze. Wiśniewscy / państwo się chyba z tego ucieszyli? Rzeczy / córki / dzieci podobały nam się bardzo. My / Piotr i ja odwiedziliśmy wczoraj Elę. My dwie czekałyśmy na was godzinę!

191

który, która, którego, które, które, której, którzy, który, którego, której, którego, których, która, którego

192

mogli, przeprowadzili, mieli, pojechały, przewieźli, chodzili, musiał, ucieszyli się, przygotowali

193

jej, nam, ci, im, mu, jej, wam, nam, im, jej, ci, mu, nam, wam, im, jej, wam, mu, mi

194

kupowałam, kupiłem, kupowałam, kupiliśmy, kupowałem, kupiłam, kupowałam, kupował, kupował, kupiłam, kupiłam, kupowałem, kupowałam, kupiliście, kupiłem, kupić, kupić, kupiłam, kupiłam

195

pojechali, pojechaliśmy, pojechałeś, jechałem, jechał, pojechał, (po)jechałam, jeździłem, jeździłam, jeździł, pojechaliśmy, jechaliśmy, jechałem, pojechaliśmy, (po)jechac, (po)jechac, pojechac, jechaliśmy, pojechał, jeździłam, pojechałes, pojechał, jeździłam, jeździłes, jeździłam, pojechali, pojechała, jechałam, jeździł, pojechał

198

Skradziono mi radio z samochodu. / Dziś w nocy. / Na ulicy, przed domem znajomych, u których teraz mieszkam. / Na Mickiewicza 83. Naprzeciw apteki. / Przed wieczorem. Gdzieś około wpół do ósmej. Było jeszcze jasno. Po filmie wyszedłem jeszcze do samochodu, bo potrzebowałem mapę i wszystko było jeszcze w porządku. / Dzisiaj przed południem. Zaraz jak wyszedłem z domu, zobaczyłem, że szyba jest zbita. Złodziej zbił ją, żeby dostać się do środka. Nic tam więcej nie było, więc wziął tylko radio. / Panie, zupełnie nowe radio. Zagraniczne. Kupiłem je przedwczoraj na rynku. Kosztowało mnie mnóstwo pieniędzy. / Marka? Blaupunkt. To chyba zachodnioniemiecka marka. / Że co? Że zachodnioniemiecka? / A to pech. A mojego radia nie ma.

199

	W	Y	S	O	K	I			Ś	R	E	D	N	I	E	G	O
			Z	G	R	A	B	N	A								W
												B	R	O	D	A	Z
			Z				T	W	A	R	Z			K			R
	B	R	U	N	E	T	K	A						R		W	O
	R		P	R	Z	Y	S	T	O	J	N	Y		Ą		Y	S
M	Z	G	Ł	A	D	K	I	E	W	Ł	O	S	Y	G		G	T
Ł	Y	S	Y						Ą			I		Ł		L	U
O	D								S			W		A		Ą	
D	K		F	I	G	U	R	A	Y			E				D	
Y	A		B	L	O	N	D	Y	N	K	A					A	

waagerecht: wysoki, średniego, zgrabna, gruby, chudy, broda, twarz, brunet, brunetka, przystojny, gładkie, włosy, łysy, figura, blondyn, blondynka
senkrecht: młody, brzydka, szczupły, wąsy, siwe, okrągła, wygląd, wzrost

201

Helmut Schmidt, Fryderyk Chopin, Heinrich Böll, Pablo Picasso, Mikołaj Kopernik
1. 23. 12. 1918 roku / od 53 roku / od 1969 do 72 roku / od 72 do 74 / następnie / w jesieni 1982 roku
2. 22. 02. 1810 roku / w 1830 roku / od wczesnego dzieciństwa / w wieku 39 lat

3. 21. 12, 1917 roku / po wojnie / od 1970 roku / wkrótce potem / w 1970 roku
4. 25. 10, 1881 roku / od najmlodszych lat /
5, 19. 02. 1473 roku / po powrocie / po śmierci / w 1540 roku

202
tak, nie, nie, tak, nie, nie, tak, tak, nie, tak

205
2, 8, 6, 3, 11, 15, 13, 16, 7, 5, 1, 4, 14, 9, 10, 12

206
silnik BEHO / chłodnica AG / zderzak A / opony CMP / drzwi GK / szyby GI / skrzynka biegów (*Getriebe*) EFG

207
obchodziłem, Przyszło, Byli, gratulowali, pytali, robię, wiem, powiedział, odżywiam, jem, Zacząłem, Napracowałem się, muszę, odpocząć, miałem

208
oczy, palec, głowa, ręka, stopa, szyja, ramię, pas (talia), włosy

209
G			S	T	O	P	A			Z	O	Ł	Ą	D	E	K		S	P	I	E	R	Ś
A	P					L					Z		G	O	R	Ą	C	Z	K	A			K
R	A	M	I	Ę	S	E	R	C	E		Ą	U	C	H	O			Y	B	R	O	D	A
D	L					C	Ę				B	D				N		J					T
Ł	E					Y	K	O	L	A	N	O				O	K	A	S	Z	E	L	A
O	C	Z	Y				A		B	R	Z	U	C	H		S							R

waagerecht: stopa, żołądek, pierś, gorączka, ramię, serce, ucho, broda, kolano, kaszel, oczy, brzuch
senkrecht: gardło, palec, plecy, ręka, ząb, udo, nos, szyja, katar

210
Już od rana boli mnie brzuch. / Boli mnie głowa i pewnie mam gorączkę. / Skaleczyłem się (szkłem) w stopę i nie mogę teraz chodzić. / Wczoraj wieczorem oparzyłem się w rękę. Nic nie mogę nią robić. / Tak mnie boli gardło, że nie mogę mówić. / Podczas przeprowadzki zwichnąłem sobie rękę i nie mogę nią teraz ruszać. / Mam taki katar, że mi cały czas leci z nosa. Męczy mnie to strasznie. /

211
głowa, szyja, brzuch, palec, kolano, rece, broda, brzuch, stopa, pierś, palce, nos, szyja, oczy, ramię, uszy

212
F, M, M, F, F, M, M, F/M, F, M

213
Co pani dolega? / Ma pani gorączkę? / A ma pani mdłości? / A co pani wczoraj wieczorem robiła? / I jak pani spała? / To chyba rzeczywiście zatrucie. Musiało pani zaszkodzić coś z tej kolacji. Co pani jadła? / A co pani piła do tego? / Dam pani tabletki. Proszę zażywać po jedzeniu. I proszę pamiętać, żeby nie mieszać różnych gatunków alkoholu, bo to pani zawsze zaszkodzi. /

215
Proszę się nie bać. / To nic nie boli. / Przecież nie jest pan dzieckiem. / Zaraz będzie po wszystkim.

216
Umiem, ale teraz nie mogę, bo mnie bolą nogi. / ... bo zwichnęłam sobie rękę. / ... bo jestem przeziębiona. / ... bo jestem przeziębiona.

217
... gdyby Bogdan się dzisiaj znowu nie spóźnił do pracy. Bogdan nie spóźniłby się do pracy, gdyby zdążył na autobus. Gdyby nie zaspał dziś rano, nie uciekłby mu autobus. A nie zaspałby, gdyby wczoraj nie pił do drugiej w nocy i poszedł wcześniej spać. I nie doszłoby do nieszczęścia z pracą, gdyby Bogdan poczekał do niedzieli z tą fetą z okazji wygrania w totka.

220
– Dobry wieczór. – Dobry wieczór. – Ja bardzo przepraszam, że przeszkadzam. Ale chciałem się zapytać: Czy to państwa samochód stoi naprzeciw wyjścia? – Tak, a co? – Czy nie mógłby pan zaparkować go na godzinę gdzieś indziej? Bo widzi pan ... właśnie przywieźli mi meble. Chcielibyśmy podjechać wozem meblowym pod same drzwi. – Ależ oczywiście! Już idę. Może mógłbym też jakoś pomóc? – O, dziękuję. To bardzo miło z pana strony.

221
1. *Sie haben unterwegs Bekannte getroffen und ...*
2. *Der Bus fuhr nicht.* **3.** Przemkowi przypomniało się, że po pracy musi najpierw wpaść do domu.

222
na plaży, na ulicy, w gościach, w sklepie spożywczym, w kinie, przy telefonie

223
Sie konnten nicht kommen, weil ihre Pässe kurz vor der Reise verlorengingen.

224
A: solidny, kreatywny, spontaniczny, tolerancyjny, sympatyczny, energiczny, inteligentny, serdeczny, koleżeński, miły, wesoły, wykształcony, rozsądny, zdolny, towarzyski, skromny, wyrozumiały, mądry
B: agresywny, nerwowy, despotyczny, arogancki, bezczelny, złośliwy, pewny siebie, zazdrosny, zarozumiały, nudny, próżny, dumny, ponury, niecierpliwy, głupi
1. arogancki **2.** mądry **3.** życzliwy **4.** próżny
5. spontaniczny **6.** wesoły **7.** despotyczny **8.** z polotem
(unpassend jeweils) energiczny / solidny / wykształcony / skromny

225
koleżeński, miły, wyrozumiały, towarzyski, serdeczny, życzliwy, z poczuciem humoru // inteligentny, rozsądny, z polotem, mądry, kreatywny, zdolny, wykształcony

226
Tym kryterium jest wykształcenie.

228
1. nie denerwuj się – denerwować się, nie obiecuj – obiecywać, zastanów się – zastanowić się, uważaj – uważać, słuchaj – słuchać, uspokój się – uspokoić się, czekaj – czekać, nie ryzykuj – ryzykować **2.** nie rezygnuj – rezygnować, nie przejmuj się – przejmować się, nie wahaj się – wahać się **3.** idź – iść, weź – wziąć, pokaż – pokazać, jedz – jeść, pij – pić, ucz się – uczyć się, kup – kupić, czytaj – czytać, zrób – zrobić, zobacz – zobaczyć, słuchaj – słuchać, odpisz – odpisać **4.** pamiętaj – pamiętać, nie rezygnuj – rezygnować **5.** nie obiecuj – obiecywać, pamiętaj – pamiętać, uważaj – uważać, nie daj się namówić – dać się, nie lekceważ – lekceważyć, nie ryzykuj – ryzykować

229
Zapytaj, Weź, Pokaż, Spróbuj, Uważaj, Idź, Zrób, Zobacz, Pamiętaj, Zastanow się, przejmuj się, wahaj się, daj się

230
Nie rezygnuj tak szybko. Bądź cierpliwy. / Odpocznij sobie. Idź i połóż się na godzinkę. / Uważaj na samochody! Nie wybiegaj na ulicę! / Posłuchaj mnie przez chwilę. / Zastanów się, czy ci się opłaca kłócić z dyrektorem. / Nie przejmuj się. Na pewno się jeszcze znajdzie. / Odpisz nareszcie na listy. / Nie denerwuj się. Wszystko będzie dobrze.

232
/ Niech weźmie co najmniej dziesięć. / Niech weźmie też jakiś ciepły sweter. / Niech ojciec je zapakuje do swojej walizki. I niech się pośpieszy. //
/ Niech kupią kwiaty. / Niech wybiorą coś z kosmetyków. Albo niech poszukają czegoś ciekawego w księgarni. / Niech ona coś wymyśli. //

233
Niech mi pan powie, / niech pan zapyta policjanta / Niech mi pani pokaże te kozaczki. / Niech pan zadzwoni do mnie do pracy. / Niech pani przyjdzie do domu. / Niech państwo się nie denerwują. / Niech państwo nie mówią, że... / Niech państwo chwileczkę na nas poczekają. / Niech mamusia poczyta mi bajkę. / Niech mi tatuś naprawi rower. //

234
dowiesz się, zobaczysz, spotkasz, będziesz miała, bedzię, bedzię padać, bedzię

236
prowadzone są / rozgrywane są / organizowane są / są przygotowane / wykorzystywany jest / organizowane są / oczekiwani są / odwiedzana jest / zapraszani są / wyświetlane są / pokazywane są / prezentowana jest /

237
V Z V V Z V V Z V Z

238
1. Jeszcze kilka lat temu Dzień Kobiet obchodzony był w każdym zakładzie. **2.** Początki jego kariery zostały opisane w książce „W drogę". **3.** Nowe maszyny zostały zakupione tym razem w USA. **4.** Przez ostatnich 30 lat domy mieszkalne budowane były głównie z betonu. **5.** W czasach po wojnie przyjmowany był do pracy każdy.

239
/ pokazano pantomimę / zaprezentowano dwa filmy / zaproszono uczniów i dorosłych / dyskutowano o motywach w filmie / przygotowano wystawę grafiki / grafikę wystawiono / wystawę przyjęto pozytywnie / planowano zawody sportowe i mecz piłki nożnej / zawody odwołano / mecz przeniesiono do sali gimnastycznej / mecz rozegrano w wynikiem 4:6

240
W imieniu gospodarzy serdecznie witam Państwa w naszym mieście. Bardzo się cieszymy z przyjazdu Państwa. / Czy Państwo mieli dobrą podróż? / Kto jest kierownikiem grupy? / Przedstawiam Państwu pana Karsta. To on zawiezie zaraz młodzież do internatu, w którym będą mieszkać w czasie pobytu u nas. / Wszyscy inni goście (za)mieszkają (nocują) w prywatnych domach. Gospodarze już tu czekają i zaraz zabiorą swoich gości do siebie do domu. / Na zakończenie chciałbym jeszcze tylko życzyć (wszystkim) Państwu miłego (udanego) pobytu w naszym mieście.

241
E, H, J, D, K, I, F, G, B, L, C, A

242
7, 1, 5, 3, 6, 2, 8, 4

Unvollendete und vollendete Tätigkeitswörter (Verben)

Die deutschen Entsprechungen der *unvollendeten/vollendeten Tätigkeitswörter (Verben)* sind nur in der Bedeutungsnuance angegeben, in der sie im Lehrbuch vorkommen. Es gibt in den meisten Fällen mehrere, verschiedene Bedeutungen.
Sind bei unvollendeten Tätigkeitswörtern (Verben) zwei verschiedene Formen angegeben, bezieht sich jeweils das erste Wort auf die Dauer und das zweite auf die Häufigkeit der genannten Tätigkeit.
Die Tätigkeitswörter (Verben) in Klammern sind in streng grammatischem Sinn nicht die vollendeten Entsprechungen, werden aber häufig in ähnlicher Bedeutung gebraucht.

B

badać – zbadać	untersuchen, forschen
bawić się -----	sich unterhalten, sich amüsieren
biegnąć – biegać – pobiec	laufen, rennen
boleć – (zaboleć)	schmerzen, weh tun
brać – wziąć	nehmen
brakować – zabraknąć	fehlen, mangeln
bronić się – obronić się	sich wehren
budować – zbudować/wybudować	bauen
budzić – obudzić	wecken

C

całować – pocałować	küssen
chcieć -----	wollen
chować – schować	verstecken, verbergen
ciągnąć – pociągnąć	ziehen
cieszyć się – ucieszyć się	sich freuen
czekać – (poczekać)	warten
czuć się – (poczuć się)	sich fühlen
czytać – przeczytać	lesen

D

dawać – dać	geben
dbać – zadbać	pflegen, hegen, sorgen
decydować – zdecydować	entscheiden
denerwować – zdenerwować (się)	sich aufregen
dochodzić –dojść	herankommen, erreichen
dodawać – dodać	hinzufügen, dazugeben
dojeżdżać – dojechać	heranfahren, pendeln
dolegać -----	weh tun, schmerzen
dostawać – dostać	bekommen, erhalten

dotrzymywać – dotrzymać	(Wort) halten
dowiadywać się – dowiedzieć się	erfahren
dyskutować –––––	diskutieren
dziękować – podziękować	danken
dziwić się – zdziwić się	sich wundern
dzwonić – zadzwonić	anrufen, klingeln

G

gadać –––––	reden, quatschen
golić – ogolić (się)	rasieren
gotować – ugotować	kochen

I

informować – poinformować	informieren, Bescheid sagen
interesować – (zainteresować (się))	sich interessieren
iść – chodzić – pójść	gehen

J

jechać – jeździć – pojechać	fahren
jeść – jadać – zjeść	essen

K

kazać –––––	veranlassen, befehlen
kąpać się – wykąpać się	baden
kierować –––––	leiten, lenken, führen
kochać –––––	lieben
kończyć – skończyć	abschließen, beenden, absolvieren
korespondować –––––	korrespondieren
korzystać – skorzystać	nutzen, benutzen, gebrauchen
kosztować –––––	kosten
kręcić się –––––	sich drehen
krzyczeć – krzyknąć	schreien

L

lecieć – latać – polecieć	fliegen
leczyć – wyleczyć	medizinisch behandeln, heilen
lekceważyć – zlekceważyć	mißachten, geringschätzen
leżeć –––––	liegen
liczyć – policzyć	zählen
lubić –––––	mögen, gern haben

Ł

łowić – złowić	fangen, fischen

M

marnować – zmarnować	verschwenden, verschenken
marzyć -----	träumen
męczyć – zmęczyć /się/	sich quälen
mieć -----	haben
mieszać – pomieszać/zmieszać	mischen, zusammenrühren, untermengen
mieszkać -----	wohnen
mijać – minąć	vorbeikommen an etwas, überholen
móc -----	können (als Möglichkeit)
mówić – powiedzieć	sprechen, sagen
musieć -----	müssen
myć się – umyć się	sich waschen
mylić się – pomylić się	sich irren, sich vertun
myśleć – pomyśleć	denken

N

namawiać – namówić	überreden
naprawiać – naprawić	reparieren
narzekać -----	klagen, sich beschweren
nazywać – nazwać	heißen, nennen
nienawidzieć -----	hassen
niepokoić się – (zaniepokoić się)	sich beunruhigen
nieść – nosić – (przynieść/zanieść)	tragen, bringen, holen

O

obchodzić -----	begehen, feiern
obiecywać – obiecać	versprechen
odbierać – odebrać	abholen, zurücknehmen
odbywać się – odbyć się	stattfinden
odchodzić – odejść	weggehen, sich entfernen
odjeżdżać – odjechać	wegfahren, abfahren
odnawiać – odnowić	erneuern, renovieren
odpisywać – odpisać	zurückschreiben, schriftlich antworten
odpoczywać – odpocząć	sich erholen, ruhen
odpowiadać – odpowiedzieć	antworten
odprowadzać – odprowadzić	(zum Zug/nach Hause) begleiten
odwiedzać – odwiedzić	jemanden besuchen
odwracać się – odwrócić się	sich abwenden
oglądać – oglądnąć /się/	sich umsehen, sich umschauen
ograniczać się – ograniczyć się	sich beschränken, begrenzen
okazywać się – okazać się	sich erweisen
opalać się – opalić się	sich sonnen
opisywać – opisać	beschreiben
opłacać się – opłacić się	sich lohnen
opowiadać – opowiedzieć	erzählen
osiągać – osiągnąć	erreichen

oszczędzać – oszczędzić	sparen
otrzymywać – otrzymać	erhalten

P

padać –––––	regnen, fallen
pakować – zapakować	packen
palić – spalić/zapalić	rauchen, brennen
pamiętać – zapamiętać	wissen, sich erinnern
patrzeć – popatrzeć	schauen, gucken
pisać – napisać	schreiben
planować – zaplanować	planen
płacić – zapłacić	zahlen
płakać –––––	weinen
płynąć – pływać – popłynąć	schwimmen, fließen
pochodzić –––––	stammen, herkommen
pocieszać – pocieszyć	trösten
podawać – podać	geben, reichen, servieren
podjeżdżać – podjechać	heranfahren
podobać się – spodobać się	gefallen
podróżować –––––	reisen
pokazywać – pokazać	zeigen
polecać – polecić	empfehlen
polegać –––––	sich verlassen
polować –––––	jagen
pomagać – pomóc	helfen
poprawiać – poprawić	verbessern, korrigieren
porównywać – porównać	vergleichen
posiadać –––––	besitzen
potrzebować –––––	brauchen
powtarzać – powtórzyć	wiederholen
pozdrawiać – pozdrowić	grüßen
poznawać – poznać	kennenlernen, erkennen
pozostawać – pozostać	bleiben
pozwalać – pozwolić	erlauben, zulassen
pożyczać – pożyczyć	leihen, borgen
prać – wyprać	Wäsche waschen
pracować –––––	arbeiten
prosić – poprosić	bitten
próbować – spróbować	probieren
przebywać –––––	sich aufhalten
przechodzić – przejść	überqueren, passieren
przedstawiać – przedstawić	vorstellen
przejmować się – przejąć się	sich etwas zu Herzen nehmen
przekonywać – przekonać	überzeugen
przepadać za –––––	sehr mögen, wild sein auf
przepisywać – przepisać	abschreiben
przepraszać – przeprosić	sich entschuldigen

przeprowadzać – przeprowadzić (się)	durchführen
przesadzać – przesadzić	übertreiben
przesyłać – przesłać	stören
przeszkadzać – przeszkodzić	schicken, senden
przychodzić – przyjść	vorbereiten
przygotowywać – przygotować	kommen
przyjmować – przyjąć	empfangen
przymierzyć – przymierzać	anprobieren
przypominać – przypomnieć (sobie)	sich erinnern
pytać – zapytać	fragen

R

radzić – poradzić	Ratschläge geben
ratować – uratować	retten
rezygnować – zrezygnować	verzichten, aufgeben
robić – zrobić	machen
rozbierać się – rozebrać się	sich ausziehen
rozmawiać –––––	sich unterhalten
rozumieć – zrozumieć	verstehen
rozwiązywać – rozwiązać	lösen
ruszać – ruszyć	sich in Bewegung setzen, losziehen
rzucać – rzucić	werfen, aufgeben

S

sądzić –––––	der Meinung sein, glauben
siedzieć – siadać – siąść/usiąść	sitzen, sich hinsetzen
skarżyć się – poskarżyć się	sich beschweren, klagen
skręcać – skręcić	abbiegen, drehen
słuchać –––––	zuhören
smakować –––––	schmecken
spać –––––	schlafen
spędzać – spędzić	verbringen
spotykać – spotkać (się)	(sich) treffen
spóźniać się – spóźnić się	verspäten
sprawdzać – sprawdzić	nachsehen, prüfen
sprzątać – posprzątać	aufräumen, Ordnung machen
sprzedawać – sprzedać	verkaufen
stać –––––	stehen
starać się – postarać się	sich bemühen, versuchen
starczyć – wystarczyć	genügen, reichen
stawać – stanąć	stehenbleiben
stawiać – postawić	stellen
studiować –––––	studieren
szkodzić – zaszkodzić	schaden
szukać – poszukać	suchen
szyć – uszyć	nähen

śmiać się –––––	lachen
śpiewać – (zaśpiewać)	singen

T

tańczyć – (zatańczyć)	tanzen
tłumaczyć – przetłumaczyć/wytłumaczyć	übersetzen, erklären
tracić – stracić	verlieren
trwać –––––	dauern
trzeźwieć – wytrzeźwieć	nüchtern werden
trzymać –––––	halten
twierdzić –––––	behaupten
tyć – utyć/przytyć	zunehmen, dick werden

U

ubierać – ubrać (się)	(sich) anziehen
uciekać – uciec	fliehen, flüchten
uczyć – nauczyć (się)	lernen, lehren
ufać – zaufać	vertrauen
umieć –––––	können, beherrschen
umierać – umrzeć	sterben
unikać – uniknąć	vermeiden
urządzać się – urządzić się	sich einrichten

W

wahać się – (zawahać się)	zögern
wędrować –––––	wandern
widzieć – zobaczyć	sehen
wiedzieć –––––	wissen
wracać – wrócić	zurückkommen, zurückkehren
wrzucać – wrzucić	einwerfen
współczuć –––––	mitfühlen, Mitlied haben
wstawać – wstać	aufstehen
wstępować – wstąpić	vorbeikommen, eintreten
wysiadać – wysiąść	aussteigen
wysyłać – wysłać	abschicken

Z

zabierać – zabrać	mitnehmen
zachowywać się – zachować się	sich benehmen
zaczynać – zacząć	anfangen
zajmować się – zająć się	sich befassen, sich beschäftigen
załatwiać – załatwić	erledigen
zamierzać –––––	vorhaben, beabsichtigen
zamykać – zamknąć	schließen, zumachen

zamawiać – zamówić	bestellen, (Ferngespräch) anmelden
zapisywać – zapisać	notieren, aufschreiben
zapominać – zapomnieć	vergessen
zapraszać – zaprosić	einladen
zastanawiać się – zastanowić się	überlegen
zastępować – zastąpić	ersetzen, einspringen
zatrzymywać się – zatrzymać się	stehenbleiben, anhalten
zażywać – zażyć	einnehmen
zbierać – zebrać	sammeln
zdarzać się – zdarzyć się	sich ereignen
zgadzać się – zgodzić się	stimmen, zustimmen
zgłaszać się – zgłosić się	sich melden
zmieniać – zmienić	ändern
zmuszać – zmusić	zwingen
zmywać – zmyć	Geschirr spülen
znaczyć -----	bedeuten, gelten
znać -----	kennen
znajdować – znaleźć	finden
zostawać – zostać	bleiben
zostawiać – zostawić	(liegen)lassen
zużywać – zużyć	verbrauchen

Ż

żałować -----	bedauern, bereuen
żartować – (zażartować)	ulken, spaßen
żegnać – pożegnać (się)	sich verabschieden
żenić się – ożenić się	heiraten
życzyć -----	wünschen

A

abbiegen	skręcać – skręcić
abfahren	odjeżdżać – odjechać
abholen	odbierać – odebrać
ablegen, ausziehen (sich)	rozbierać (się) – rozebrać
abschreiben	przepisywać – przepisać
abwaschen	zmywać – zmyć
absenden	wysyłać – wysłać
anfangen	zaczynać – zacząć
anfordern, bestellen	zamawiać – zamówić
angeben	podawać – podać
anhalten	zatrzymywać (się) – zatrzymać
anmelden	zgłaszać (się) – zgłosić
annehmen, empfangen	przyjmować – przyjąć

anprobieren	przymierzać – przymierzyć
anrühren, mischen	mieszać – pomieszać
ansehen (sich etwas)	oglądać – oglądnąć
antworten	odpowiadać – odpowiedzieć
antworten (zurückschreiben)	odpisywać – odpisać
amüsieren sich	bawić się -----
aufbessern	poprawiać – poprawić
aufbrauchen	zużywać – zużyć
aufgeben, resignieren	rezygnować – zrezygnować
aufhalten sich	przebywać -----
aufräumen	sprzątać – sprzątnąć
aufregen (sich)	denerwować (się) – zdenerwować
aufschreiben (sich etwas)	zapisywać (sobie) – zapisać
aufstehen	wstawać – wstać
aufwachen	budzić się – zbudzić się
aussteigen	wysiadać – wysiąść
ausweichen, meiden	unikać – uniknąć
ausziehen (sich)	rozbierać (się) – rozebrać
ändern (sich)	zmieniać (się) – zmienić

B

baden	kąpać się – wykąpać się
bauen	budować – zbudować
beabsichtigen	zamierzać -----
bedauern	żałować – pożałować
bedeuten	znaczyć -----
beenden	kończyć – skończyć
befinden sich	znajdować się – znaleźć się
beginnen	zaczynać – zacząć
begreifen	rozumieć – zrozumieć
begegnen	spotykać – spotkać
begehen, feiern	obchodzić -----
begrenzen, beschränken	ograniczać – ograniczyć
begrüßen, grüßen	pozdrawiać – pozdrowić
behandeln (ärztlich)	leczyć -----
behaupten	twierdzić -----
beherrschen, können	umieć -----
beifügen, hinzufügen	dodawać – dodać
beklagen	narzekać -----
bekommen	otrzymywać – otrzymać
bemühen sich	starać się -----
benehmen sich	zachowywać się – zachować się
benutzen	używać – użyć
berichtigen	poprawiać – poprawić
beschäftigen sich	zajmować się – zająć się
beschreiben	opisywać – opisać
beschweren sich	skarżyć się – poskarżyć się

besitzen	posiadać -----
besuchen	odwiedzać – odwiedzić
bestellen	zamawiać – zamówić
betrachten	oglądać – oglądnąć
beunruhigen (sich)	niepokoić (się) -----
bewilligen	pozwalać – pozwolić
bezahlen, sich lohnen	opłacać (się) – opłacić
bezeichnen, nennen	nazywać – nazwać
bleiben	zostawać – zostać
borgen	pożyczać – pożyczyć
brauchen, benötigen	potrzebować -----
brennen, rauchen	palić – spalić
bringen	przynosić – przynieść

D

dauern, währen	trwać -----
darstellen, vorstellen	przedstawiać – przedstawić
demonstrieren	pokazywać – pokazać
denken	myśleć – pomyśleć
diskutieren	dyskutować -----
drehen (sich)	kręcić (się) – skręcić
durchführen	przeprowadzać – przeprowadzić

E

einhalten	dotrzymywać – dotrzymać
einladen	zapraszać – zaprosić
einnehmen	zażywać – zażyć
einrichten	urządzać – urządzić
einschränken	ograniczać – ograniczyć
eintreten	wstępować – wstąpić
empfangen	przyjmować – przyjąć
empfehlen	polecać – polecić
entscheiden	decydować – zdecydować
entschuldigen sich	przepraszać – przeprosić
ereignen sich	zdarzać się – zdarzyć się
erfahren	dowiadywać się – dowiedzieć się
erfolgen	odbywać się – odbyć się
erhalten, bekommen	otrzymywać – otrzymać
erhalten sich	zachowywać się – zachować się
erholen sich	odpoczywać – odpocząć
erinnern (jemanden an etwas)	przypominać – przypomnieć
erinnern sich, behalten	pamiętać – zapamiętać
erkennen	poznawać – poznać
erkundigen sich	dowiadywać się – dowiedzieć się
erlauben	pozwalać – pozwolić
erledigen	załatwiać – załatwić

erneuern	odnawiać – odnowić
ernst nehmen	przejmować się – przejąć się
erregen	denerwować (się) – zdenerwować
erreichen, ankommen	dochodzić – dojść
erreichen, erlangen	osiągać – osiągnąć
ersparen	oszczędzać – oszczędzić
erweisen sich	okazywać się – okazać się
erzählen	opowiadać – opowiedzieć
essen	jeść – zjeść

F

fahren	jeździć – jechać – pojechać
fallen	padać – upaść
fangen	chwytać – chwycić
fehlen	brakować – zabraknąć
feiern	obchodzić –––––
finden	znajdować – znaleźć
fliegen	latać – lecieć – polecieć
fliehen	uciekać – uciec
fließen	pływać – płynąć – popłynąć
forschen	badać – zbadać
fragen	pytać – zapytać
freuen sich	cieszyć się – ucieszyć się
fühlen sich	czuć się–––––
führen	prowadzić – poprowadzić
führen, leiten	kierować – pokierować

G

gebrauchen	używać – użyć
gedenken	wspominać – wspomnieć
gefallen	podobać się – spodobać się
gelten	znaczyć –––––
genügen	starczać – starczyć
geringschätzen	lekceważyć – zlekceważyć
geschehen	stawać się – stać się
gestatten	pozwalać – pozwolić
grüßen	pozdrawiać – pozdrowić

H

haben, besitzen	posiadać –––––
halten	trzymać –––––
hassen	nienawidzieć –––––
heilen	leczyć – wyleczyć

heiraten	żenić się – ożenić się
heißen	nazywać się – nazwać się
helfen	pomagać – pomóc
heranfahren	podjeżdżać – podjechać
herkommen, stammen	pochodzić -----
hindern, stören	przeszkadzać – przeszkodzić

I

informieren sich	dowiadywać się – dowiedzieć się
interessieren (sich)	interesować (się) – zainteresować

J

jagen	polować -----

K

kennenlernen	poznawać – poznać
klagen	narzekać -----
kommen	przychodzić – przyjść
kontrollieren	sprawdzać – sprawdzić
können	móc -----
kurieren	leczyć – wyleczyć
kümmern sich, sorgen	dbać – zadbać
küssen	całować – pocałować

L

lachen	śmiać się -----
langen, reichen	starczać – (wy) starczyć
laufen, rennen	biegać – biec
leihen	pożyczać – pożyczyć
lieben	kochać -----
liegen	leżeć -----
leiten	kierować – pokierować
lenken	kierować – pokierować
lohnen (sich)	opłacać (się) – opłacić
losfahren	ruszać – ruszyć
lösen	rozwiązywać – rozwiązać

M

mangeln	brakować – zabraknąć
melden	zgłaszać – zgłosić
meiden	unikać – uniknąć
meinen	sądzić-----
mischen	mieszać – pomieszać

mißachten	lekceważyć – zlekceważyć
mitfühlen, mitempfinden	współczuć –––––
mitnehmen	zabierać – zabrać

N

nähen	szyć – uszyć
nähern sich	zbliżać się – zbliżyć się
nehmen	brać – wziąć
nennen	nazywać – nazwać
nervös werden	denerwować się – zdenerwować się
nüchtern werden	trzeźwieć – wytrzeźwieć

O

Ordnung schaffen	sprzątać – sprzątnąć

P

passieren, überqueren	przechodzić – przejść
plaudern	gadać –––––
profitieren	korzystać – skorzystać
prüfen, kontollieren	sprawdzać – sprawdzić

Q

quälen	męczyć – zmęczyć

R

rauchen	palić – spalić
rasieren	golić – ogolić
rechnen	liczyć – policzyć
reden	gadać –––––
reichen, genügen	starczyć – wystarczyć
reisen	podróżować –––––
rennen	biegać – biec
reparieren	naprawiać – naprawić
resignieren	rezygnować – zrezygnować
retten	ratować – uratować
ruhen	odpoczywać – odpocząć

S

sagen, sprechen	mówić – powiedzieć
sammeln	zbierać – zebrać
schaden	szkodzić – zaszkodzić
schauen	patrzeć – popatrzeć

schenken, geben	dawać – dać
scherzen, spaßen	żartować – zażartować
schicken, absenden	wysyłać – wysłać
schildern	opisywać – opisać
schließen, zumachen	zamykać – zamknąć
schmerzen	boleć -----
schreien	krzyczeć – krzyknąć
schwärmen	marzyć -----
sehen	widzieć – zobaczyć
setzen sich	siadać – usiąść
sitzen	siedzieć -----
sonnen sich	opalać się – opalić się
sparen	oszczędzać – oszczędzić
speisen	jeść – zjeść
sprechen, sich unterhalten	rozmawiać -----
spülen	myć – zmyć
stammen	pochodzić -----
stattfinden	odbywać się – odbyć się
stehen	stać -----
sterben	umierać – umrzeć
stoppen	zatrzymywać – zatrzymać
stören	przeszkadzać – przeszkodzić
streben, sich bemühen	starać się -----

T

tragen	nosić – nieść – zanieść
träumen	marzyć -----
trauen	ufać – zaufać
treffen	spotykać – spotkać
trösten	pocieszać – pocieszyć

U

ulken, spaßen	żartować – zażartować
umdrehen, umkehren	odwracać się – odwrócić się
umschreiben, beschreiben	opisywać – opisać
unterhalten sich	rozmawiać -----
unterhalten sich, sich amüsieren	bawić się -----
untermengen	mieszać – zmieszać/pomieszać
untersagen	zabraniać – zabronić
untersuchen	badać – zbadać
urteilen	sądzić -----

Ü

übereinstimmen	zgadzać się – zgodzić się
überholen	mijać – minąć

überlassen	pozostawiać – pozostawić
überlegen	zastanawiać się – zastanowić się
überreden	namawiać – namówić
übertreiben	przesadzać – przesadzić
überweisen	przesyłać – przesłać
überzeugen	przekonywać – przekonać
übrigbleiben	pozostawać – pozostać

V

verabschieden sich	żegnać – pożegnać
veranlassen	kazać – – – – –
verändern	zmieniać – zmienić
verbessern	poprawiać – poprawić
verbringen	spędzać – spędzić
verbrauchen	zużywać – zużyć
vergessen	zapominać – zapomnieć
vergleichen	porównywać – porównać
verkaufen	sprzedawać – sprzedać
verlangen	żądać – zażądać
verlassen sich	polegać – – – – –
verlieren	tracić – stracić
verloren gehen	gubić – zgubić
verreisen	wyjeżdżać – wyjechać
verschwenden	marnować – zmarnować
verspäten	spóźniać się – spóźnić się
versprechen	obiecywać – obiecać
verstecken	chować – schować
verstehen	rozumieć – zrozumieć
versuchen	próbować – spróbować
verteidigen	bronić – obronić
vertrauen	ufać – zaufać
vertreten, ersetzen	zastępować – zastąpić
verwandeln	zmieniać – zmienić
verwechseln	mylić – pomylić
verwenden	używać – użyć
vorbeifahren	mijać – minąć
vorhaben	zamierzać – – – – –
vorfahren	podjeżdżać – podjechać
vorführen, zeigen	przedstawiać – przedstawić
vorstellen sich	przedstawiać się – przedstawić się

W

wandern	wędrować – – – – –
warten	czekać – – – – –
waschen (sich)	myć (się) – umyć
währen, dauern	trwać – – – – –

wecken	budzić – obudzić
weggehen, sich entfernen	oddalać się – oddalić się
wegfahren	odjeżdżać – odjechać
weh tun	boleć -----
weinen	płakać -----
werden	stawać się – stać się
werfen	rzucać – rzucić
wiederholen	powtarzać – powtórzyć
wissen	wiedzieć -----
wollen	chcieć -----
wundern sich	dziwić się – zdziwić się

Z

zählen	liczyć – policzyć
zeigen	pokazywać – pokazać
ziehen	ciągnąć – pociągnąć
zugeben, beifügen	dodawać – dodać
zumachen	zamykać – zamknąć
zunehmen	tyć – utyć
zurückgeben	oddawać – oddać
zurückkehren	wracać – wrócić
zurücklegen	oszczędzać – oszczędzić
zurücknehmen	odbierać – odebrać
versprechen	obiecywać – obiecać
zusenden	wysyłać – wysłać
zustimmen	zgadzać się – zgodzić się
zwingen	zmuszać – zmusić

Alphabetisches Vokabelverzeichnis

Die Zahlen hinter den Vokabeln verweisen auf den Lektionsteil, in dem das Wort neu eingeführt wird. Wenn mehrere Zahlen nach einer Eintragung stehen, kommt das Wort in verschiedenen Bedeutungen oder in völlig anderem Zusammenhang vor.
Die Vokabeln des Arbeitsbuches, die im Lehrbuch nicht vorkommen, sind mit einem „ü“ für „Übung“ nach der Angabe der Lektion gekennzeichnet. Die *kursiv (schräg)* gedruckten Wörter sind Vokabeln des passiven Wortschatzes, deren aktive Beherrschung auf dieser Lernstufe nicht erwartet wird.

A

a 1a, 15b
aby 2j
administracja 11bü
administracyjne 11bü
adres 1e
adwokat 1d
agrest 6a
agresywny 16d
akademia 1d
akademik 1d
akcent 18e
akt 18c
aktywny 11a
akumulator 14h
albo 2d
album 2b
ale 1a
alkohol 5a
alkoholowe 4a
amator 1f
amerykański 13f
ananas 4bü
Andrzejki 8c
angażować się 11d
angielski 9b
angina 15e
ani 5a, 8j
ankieta 2j
aparat 13d
apartament 3d
apteka 6gü
architekt 1bü
architektoniczny 10e
aresztowany 13f
arogancki 16c
aromatyczne 5d
artykuł 7g, 10d
artysta 6i
atmosfera 10d
autobus 2cü
automat 18f
awantura 16b
aż 5d, 16f

B

baba 16b
babcia 10d
bać się 10d
badanie 13f
bagaż 12a
bagażnik 14h
bak 14h
bakaliowy 4b
balkon 3a, 6gü
banalne 8g
banan 6aü
bandaż 15fü
bank 6d
bar 6c
baran 17a
bardzo 1a, 6j
barszcz 4b
bawić się 11b, 15iü
benzyna 6e
benzynowa 6e
bez 4e
bezalkoholowy 4a
bezczelny 16c
bezinteresownie 17a
bezołowiowa 6e
bezpośrednie 9d, 16f
bezrobotny 10d
bezwizowy 18b
będzie 5d, 6f
biała 3a
biblioteka 10d
bić 4b
biec 14c
biedna 15f
biegnąć 12a
bieżący 18f
bigos 4b
bilet 2d, 6gü
bis 8b
bita 4b
biurko 3a
biuro 9l
biurokrata 1f
biurowy 10d
blisko 12c
bliżej 12c
bliźnięta 17a
blok 3a
blondyn 13d
bluzka 6f
błądzić 11d
błękitne 5g
bo 1d
boczek 5d
bogata 5a
bohater 13f
bok 14cü
boleć 15c
boso 15j
Boże 2g, 8c
botaniczny 7e
ból 6f
brać 11d, 12a
brakować 2e
brakujące 11c
brat 1b
brawo 11d
brązowe 6f
broda 13d, 15a
bronić się 11c
brud 8f
brudne 3f
brunet 13d
brzeg 1f
brzuch 15a
bubek 16c
budka 7c
budowa 1d
budować 12a
budownictwo 3a
budyń 4b
bufet 16b
bułka 5cü
burak 5dü
burmistrz 18b
but 6f
butelka 6a
brzydka 13d
by 4b, 15i
być 1a
byk 17a
byle 6a
byłby 5g

C

cała 3d, 17a

Ć

D

Ż

Ź